mani
mani
漫履慢旅

香川 直島
淡路島

⋈ 休日慢旅 ‧ 能量無限 ⋈
放自己一個漫慢假期 ‧ 漫晃步履 ‧ 慢心滿意

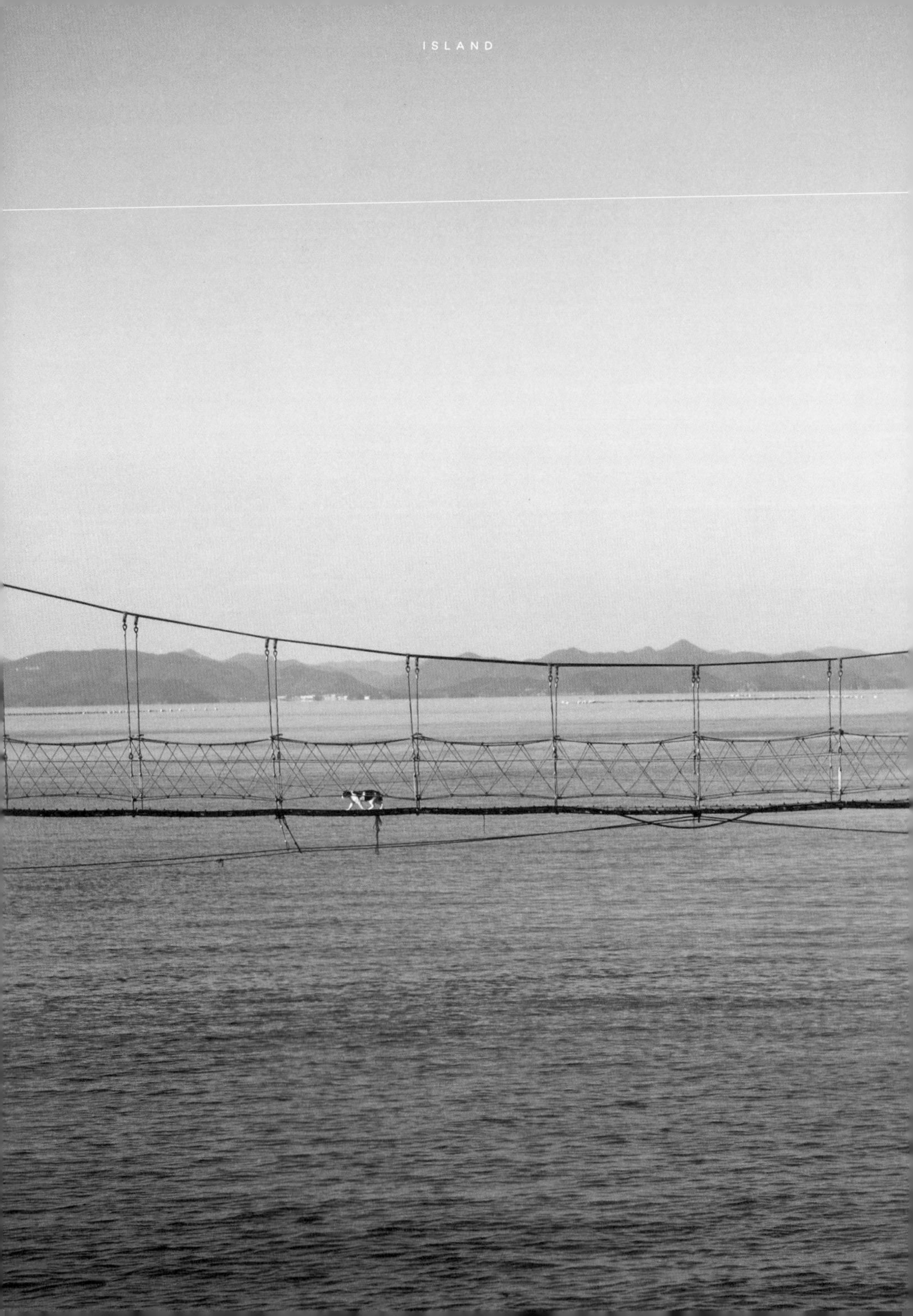

被暱稱為「金刀比羅樣」，廣受大家喜愛的金刀比羅宮（→P44）。可以在御本宮購得的『幸福黃色御守』價格為800日圓整（P2）／致力於培植橄欖的小豆島（P3）／通往瀨戶內諸島的玄關，高松港。鮮豔的藝術品吸引眾人目光（P3）／貓咪悠閒漫步在小豆島的吊橋上。小島特有的風景撫慰人心（P4）／搭上烏龍麵計程車前往位於郊區的烏龍麵店（→P25）最棒了（P5）／琴電奔馳在以堤山為背景的田野中。在結實纍纍的秋季，電車與稻田的對比也非常美（P7）

010

053

KAGAWA
028
現在最想一探究竟的香川觀光

054

071

let's enjoy!

符號標示 ☎ 電話 MAP 地圖 🏠 地址 🚃 交通 💰 費用
🕐 營業時間 📅 公休日 🪑 座位數 🅿 停車場

地圖標示 ⛰ 觀光景點：玩樂景點 🍴 用餐 ☕ 咖啡廳 🎁 伴手禮店・商店
🍶 酒吧：居酒屋 🏠 住宿設施 ♨ 純泡湯 🏛 休息站 ⊘ 禁止通行

我最愛的香川、直島、淡路島5景

SCENE 1

@カマ喜ri
— かまきり —

1

RECOMMENDED BY

麵通團團長

田尾和俊先生

擔任城市雜誌總編時所發行的「令人敬畏
的讚岐烏龍麵」，掀起空前的讚岐烏龍麵
風潮。

雖然外觀看起來是家咖啡廳，事實上是不折不扣的烏龍麵店

終於有絕佳的機會可以介紹「カマ喜ri」了（笑）。麵通團走遍香川縣內大約800家的烏龍麵店，我們將這些烏龍麵店分門別類、為其加油吶喊，但卻非常難為這家店做最好的分類…這是因為，這家店的裝潢時髦到一點也不像烏龍麵店。主廚將老家的電器行改建之後，整個空間充滿了手作感，親手塗繪的椅子及筷盒、招牌等等，每樣物品都有很棒的氛圍。當然烏龍麵也非常正統，麵體相當有氣勢，請搭配加入了當地產的小銀魚乾與飛魚等食材提取而成的甘甜湯汁一起享用。

（琴平周邊）

かまきり

カマ喜ri

飄散著自在氣氛的全服務店家。選擇喜歡的烏龍麵，搭配上炸雞及炸竹輪等3種可自由選擇的炸物套餐是這家店裡最基本的點餐型式。麵體及高湯因為簡單才更顯出色，細細品味這無一處不成畫的空間後，就會不小心待太久呢。

☎0875-24-8288 MAP附錄背面⑨B7
🏠観音寺市柞田町甲46-3 🚃JR観音寺站車程10分 🕐11:00～15:00（售完打烊）
休週三 席28 P20輛

1
最受歡迎的是湯烏龍麵（270日圓）加上炸竹輪（炸雞＋炸竹輪）（230日圓）的套餐

2
店內、外都是挑動少女心的裝飾。入口處的招牌也太可愛了吧！

3
被田園包圍著，氣氛非常悠閒。獨特的紅白電線桿是顯眼的標示

4
還有1天限定15份的肉片濃湯烏龍麵（500日圓），以及週四限定的炊飯等限定菜單

5
充滿骨董感的時鐘以及裝飾品等，這是個無論是哪個角落都能自成一幅畫的空間

6
老闆秋山夫婦。平易近人又溫柔，他們倆的互動可稱一絕呢

7
寫著菜單的黑板、用水管當桌腳的桌子等，這些都像是咖啡廳一樣

8
正因為使用了珍貴的小銀魚乾，才能煮出溫潤且美味的高湯

一窺香川、直島、
淡路島的"新鮮事"
**我最愛的香川、
直島、淡路島5景**

♥

SCENE 2

@まちのシューレ963

─ まちのしゅーれきゅうろくさん ─

1

2

RECOMMENDED BY

丸龜市豬弦一郎現代美術館　研究員
平山優子女士

負責美術館舉辦的展覽、活動、工作坊、
地區合作事業等活動的企劃到宣傳等工作

從生活雜貨到當地食品…
好東西與讓人放鬆
的時光就在這裡。

讚岐的食品與調味料、民藝品、生活雜貨…不管走在店裡的哪個角落，都會有「好棒喔」、「還有這種東西啊」等新發現，我認為全是因為這家店裡所擺放的每項商品，都是店家收集來的「對身體好的東西」、「富含創作者心意的物品」之故。可以在咖啡廳品嘗到的午餐餐點與甜點也很好吃，讓人非常放鬆的一家店。

擺放年輕創作者作品的區塊、企劃展覽及下午茶會、市集等等的活動也會激起顧客的好奇心。

1
蜂蜜、檸檬、小魚乾…這些使用當地食材的食品，其包裝也超棒

2
進門馬上看見的食品區。週末時還會出現販售蔬菜等食物的區域

3
夜間咖啡廳在週五～週日（17:00～22:00）營業。讓人在意的菜單就寫在黑板上

4
使用當地食材製作的シューレ的午餐（1300日圓），每個月會換2次新菜單

5
以店裡的鸚鵡為雛形所做的商品，まるちゃん張子（小）（540日圓）

6
i's Life（→p90）特級初榨橄欖油46g（1640日圓）（照片右邊）

7
アルル塩（880日圓）（照片左邊）等等，"多費一層功夫"的調味料也很多樣

8
生活雜貨則是挑選了能長久使用、造型簡單的物品

9
手工製作的可愛民藝品，除了產自香川縣的商品外，也從全國各地收集而來

（ 高松市區 ）

まちのしゅーれきゅうろくさん

まちのシューレ 963

德語中「シューレ＝學校」，之所以會把這個詞彙放進店名裡，就是希望這家店可以成為學習食衣住、生活型態的地方。店裡區分為食品、生活雜貨、手工藝品‧民間藝術品、咖啡廳等區域，可以在這找到高品質的東西。

☎087-800-7888 🗺附錄正面②C2 🏠高松市丸龜町13-3高松丸龜町參番街2F ❗琴電片原町站步行6分 🕐11:00～19:30(咖啡廳營業時間週一～週四11:30～18:00、週五～週日11:30～22:00) ❌每月第3個週一（逢假日可能擇日休息）🅿有合作停車場

一窺香川、直島、
淡路島的"新鮮事"
**我最愛的香川、
直島、淡路島5景**

SCENE
3

@瀨戶內國際藝術祭
— せとうちこくさいげいじゅつさい —

男木島/JaumePlensa〈男木島之魂〉

藝術融入生活當中，獨一無二的島上活動

在瀨戶內諸島上所舉辦的瀨戶內國際藝術祭，現在可說是與讚岐烏龍麵齊名的香川縣代名詞。

島上藝術的醍醐味就是與風景融為一體的作品，以及四季各有特色的美麗小島景色。在此加上藝術之後，更加提升了小島的魅力及獨特個性。

藝術祭舉辦期間有相當多的活動，島上的餐點也相當美味。當我迷路時，親切的島上居民也會問我是否需要幫忙，和他們的交流也是美好的回憶之一。

藝術連結起「島」與「人」，這就是瀨戶內國際藝術祭。

RECOMMENDED BY

小蝦隊
鈴木富美子女士

從關西搬家至此後，想要參與香川縣特有的事物，因而加入瀨戶內國際藝術祭志工團體「小蝦隊」。

ART&
ISLAND VIEW

SCENE
1
2
3
4
5

女木島／杉浦康益〈梯田之風〉

女木島／木村崇人〈海鷗的停車場〉

我最愛的香川、直島、淡路島5景 ♥ ＠瀨戶內國際藝術祭

草間彌生〈紅南瓜〉2006年直島·宮浦港綠地

(瀨戶內諸島)

せとうちこくさいげいじゅつさい
瀨戶內國際藝術祭

以瀨戶內諸島為舞台的世界級藝術祭典。在2010年以
「海洋復權」為主題舉辦的第一屆得到廣大回響，之後
決定每3年舉辦一次，2016年為第三屆。許多作品在會
期結束之後也繼續展示，因此國內外有許多人特地造訪
參觀。

·瀨戶內國際藝術祭2016　詳情請見 P100

①
男木島的象徵性藝
術品「男木島之
魂」，此處也是島
民交流場所

②
男木島的絕美景色觀
賞點─豐玉姬神社。
除了藝術品之外，也
可欣賞島上的景色

③
在男木島上會遇見
非常多貓咪，牠們
那慵懶的模樣十分
撫慰人心

④
小島藝術讓小小的
乘船旅行也深具魅
力，可以從甲板上
享受瀨戶內的風光
與海風

⑤
住在坡道極多的男
木島上，「オンバ
（推車）」不只是
生活必需品，也是
一項藝術

SCENE 4

@こまめ食堂
― こまめしょくどう ―

學生時代起的夢想就是要移居到最喜歡的瀨戶內海上生活。在看過各小島之後覺得小豆島最棒！才剛實現移居的夢想不久。

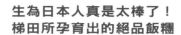

生為日本人真是太棒了！
梯田所孕育出的絕品飯糰

　　中山地區位於小豆島的中心位置。遍布山間的梯田，飄散著一股令人懷念的日本氛圍，是個非常棒的場所。

　　「こまめ食堂」就佇立在梯田正中央，店裡的推薦菜單，就是梯田的飯糰定食。他們可是使用灌溉梯田的泉水「湯船之水」來蒸煮採收自梯田的稻米呢。是不是光聽就覺得好像很好吃呢？

　　邊感覺著吹拂在梯田中的風，邊品嘗飯糰，可真是絕品美味。其中，新米的季節更是讓人欲罷不能！！

　　請用全身感官感受這美麗風景以及美味米飯。

（ 小豆島 ）

こまめしょくどう

こまめ食堂

位於中山千枚田（→P84）旁，為賦予原有的精米廠新生命的咖啡廳。梯田的飯糰定食（1280日圓），主角就是使用產於梯田的稻米捏成的，軟硬恰到好處的飯糰。10月中旬左右開始可以品嘗到新米製成的飯糰。橄欖牛漢堡排（550日圓）也非常好吃。

☎0879-75-0806 MAP附錄正面④B2
🏠小豆島町中山1512-2 🚌土庄港搭乘小豆島橄欖巴士往中山方向車程20分，春日神社前站下車即到 🕐11:00～17:00 🈺週二（逢假日則翌日休）🈹32 🅿可利用公共停車場20輛

1
梯田的飯糰定食（1280日圓）。附上產自於小豆島用心堅持親手做的豐盛菜餚

2
鮮綠的夏天、閃耀金黃光芒的初秋等，梯田在四季中都會展現出各季節的特有風貌

3
櫃檯也有販售手工瑪芬與梯田培育出的米

4
讓人感到回到昭和時代的外觀與周遭的景色融為一體

5
非常推薦可以帶上一個店家自製的瑪芬（200日圓），漫步在梯田中

6
熱酢橘茶（500日圓）等等，活用季節水果製成的飲品也廣受好評

7
入口處懸掛的招牌是昭和初期遺留是精米廠時留下的東西

8
店內擺著許多懷舊小物，怎樣看都不膩

9
坐在可以俯瞰梯田的露臺座位，邊感受大自然風光邊享用飯糰

SCENE
1
2
3
4
5

一窺香川、直島、
淡路島的 " 新鮮事 "
**我最愛的香川、
直島、淡路島5景**

SCENE 5

@miele

— みえれ —

1

看著被夕陽染成金黃色的海洋，不知不覺忘記了時光流逝

在被稱為Sunset Line的淡路島西海岸中，這附近是景觀最漂亮的地點。坐在可以聞到海風氣息及感受海浪噴沫的露臺座位上，雖然冬天有點難受，即使如此，那片海洋及天空，特別是夕陽風景，美到讓你忘掉冬天的寒冷。

我推薦使用了沐浴在海洋礦物質下生長的淡路牛、蔬菜以及雞蛋等品質很好的農產品所做成的餐點。其中也使用了我種植的蔬菜以及香草，請務必品嘗看看。淡路牛特級漢堡和蜂蜜新鮮果汁是絕配。

RECOMMENDED BY

(株) FRESH GROUP淡路島　負責人

森　靖一先生
もり　せいいち

出生於奈良縣，移居淡路島後開始從事農業工作。2013年時設立了青年農家的農園集團「FRESH GROUP淡路島」。

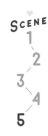

1
被那時刻變化的色彩所吸引，每天所展現出的風貌皆不同

2
淡路島產的百花蜜等約13種蜂蜜，也可以試吃

3
可以看見廣闊大海的2樓座位相當受歡迎，會想一直坐在這邊看大海

4
可以帶個珍貴的淡路島百花蜜（1404日圓）及各國的蜂蜜當伴手禮

5
淡路牛玫瑰花蜜咖哩（M）（1242日圓），還使用中華風味醬汁與蜂蜜提味

6
與藍色大海和天空相映襯的白色建築，2014年7月才剛開幕馬上成為熱門人氣店

7
毛毯是冬天的必需品。拿起一條喜歡的毛毯，走吧，到露臺去坐著吧

8
淡路牛特級漢堡（1242日圓）、蜂蜜新鮮果汁（540日圓）

我最愛的香川、直島、淡路島5景 @miele

（淡路島）

みえれ
miele

這家白色咖啡廳佇立在可眺望夕陽的海邊位置上。店家最自豪的就是從開放露臺座位可看見的絕美景色與使用島上新鮮食材製作的餐點。店名在義大利文裡為「蜂蜜」的意思，因此也有許多使用淡路島與各國的蜂蜜所製作的餐點。

☎0799-80-2600 MAP 附錄背面⑨K3
🏠淡路市野島蟇浦785-9 ‼淡路IC車程15分 🕙10:30～18:30LO（有季節性變動）🈺週二 🪑130 🅿20輛

繼續看下去 我最愛的其他香川、

熱愛香川、直島、淡路島的5位旅遊達
直島、淡路島的玩樂方式與精采景點，說

Q1
SPOT

在香川、直島、
淡路島最喜歡
的地方是哪裡？

Q2
GOURMET

非吃不可
的美食是？

Q3
HOT NOW

現在最受矚目的
旅遊主題‧景點
是什麼？

**A1 喜代美山荘
花樹海「万花」**

雖然常聽到「高松首屈一指的觀景地點是屋島」，但登上屋島之後就無法看見屋島的全景（笑）。所以「喜代美山荘花樹海」（☎087-861-5580 MAP附錄正面②A2）就能

一覽包含屋島在內的瀨戶內海景色，是我個人的最佳觀景地點！超感動。

**A2 栗林公園「花園亭」
的早餐粥品**

靜靜位於栗林公園（→P52）裡的「花園亭」早餐粥品非常清爽。特別是在下小雨的日子裡，倒映在湖中的山如水墨畫

一般，很是美麗。在那裡吃個溫潤的早餐粥品，讓人感覺今天會是個美好的一天。

**A3 四國靈場‧白峯寺的
「崇德上皇御陵」**

在日本三大怨靈中也特別出類拔萃的「怨靈之王」崇德上皇，傳說他就是在「白峯寺」（☎0877-47-0305 MAP附錄正面①B2）變成怨靈。雖然上皇現在已經成為"御靈"回到京都了，但我心中依然覺得這是最強的能量靈場。

麵通團團長
田尾和俊先生

**A1 如果喜歡藝術就請到
「MIMOCA」！**

在JR丸龜站下車之後馬上就會看到，非常有活力但會讓人會心一笑的壁畫是「丸龜市豬熊弦一郎現代美術館」（☎0877-24-7755 MAP附錄正面①A2）的顯眼目標。這

photo: Tadasu Yamamoto

是我從以前就很喜歡的旅行景點，幾乎每年都會來玩。

**A2 口感濕潤的極品
磅蛋糕**

瓦町站旁的「はれ　五風十雨」（☎087-861-0203 MAP附錄正面②C3），這家甜點專賣店裡所販售的甜點，是由巷弄法國料理名店「五風十雨」的甜點師傅大顯身手製作。如果想

帶這個當伴手禮的話，考慮到蛋糕離開冰箱的時間，在最後一天買比較好。

**A3 寧靜卻熱門的
時髦小鎮，佛生山**

佛生山地區從高松搭乘琴電約20分鐘即可抵達，是個聚集了溫泉、書店、雜貨店、咖啡廳等許多時髦店家的區域。稍微走遠一點，五風十雨（☎087-849-0510 MAP附錄正面①D3）的法國料理，風味、外觀都非常具有藝術性。

丸龜市豬弦一郎現代美術館　研究員
平山優子女士

SCENE ♥

直島、淡路島風景

人在此分享更多更深入香川、
不定能發現全新的魅力與旅遊方式喔！

A1 高松最前衛的區域
高松丸龜町商店街

擁有日本最長拱頂的商店街「高松丸龜町商店街」（ MAP 附錄正面②B～C2）。在這熱鬧的商店街裡總會有新發現，不管造訪幾次都不嫌膩。如果想找伴手禮的話，請務必走一趟まちのシューレ963（→P12）。

A2 水果行所經營的咖啡廳「さんぶた」

在「三びきの子ぶた」（☎087-861-5353 MAP 附錄正面②C3）中能夠品嘗到使用季節水果製作的甜點。這裡的三明治也很好吃，亦也會當午餐吃。能從眾多材料中選擇自己喜歡的食材這點也相當有趣。

A3 瀨戶內的小島環遊
船旅也深具魅力

雖然漫步於島上是旅行的主要行程，但也請試著充分欣賞途中搭船時看到的美景。許多小島浮於其

上，未曾見過的平靜海平線肯定能夠洗滌你的身心。特別是夕陽西下時，看著漸沉的落日，可以享受到夢幻般的氛圍。

小蝦隊
鈴木富美子女士

A1 擁有自豪的勝地美景
小豆島的碁石山

碁石山（ MAP 附錄正面④D3）是小豆島八十八箇所靈場之一，是我最喜歡的絕美景點。閃閃發亮的瀨戶內海、醬油倉庫全黑的屋頂，還可看見遠處的橄欖農園。是個可以欣賞到「這就是小豆島！」美景的私密景點。

A2 「なかぶ庵」的
生麵線

麵線是小豆島的特產，還分為乾麵線與生麵線。正是在製造所才能享受生麵線彈牙口感及嚼勁。請務必到「なかぶ庵」（☎0879-82-3669 MAP 附錄正面④D3）品嘗現做的美味。

A3 在瀨戶內諸島上來個
「攝影之旅」！

瀨戶內諸島上，有美景、也有美食，還有島上居民的笑容，許多很棒的攝影素材都會讓人不自覺想按下快門。我移居到島上之後就開始熱衷於拍照，最推薦大家帶著相機悠閒地在島上散步。

小豆島移民一年級
鈴木靖世女士

A1 從可以眺望大海的梯田
欣賞絕美的夕陽景色

從FRESH GROUP淡路島（☎0799-70-4232 MAP 附錄背面⑨K4）的農場眺望的景色最棒了，這是讓我下定決心移居淡路島的景色。請來實際體驗採收香草以及欣賞這片風景。

A2 最適合當點心！
阿萬可樂餅

誕生於淡路南端·阿萬的中村屋（洲本店☎0799-38-4282 MAP 附錄背面⑨K5）販售的一口可樂餅·阿萬可樂餅一個50日圓，淡路牛和淡路黃金混血豬肉（淡路山豬與一般豬的混血種）真的是絕品美味。還有放入章魚的奶油可樂餅·阿萬奶油可樂餅等各種口味。

A3 也請注目可以與
馬親密接觸的活動！

あわじシェアホースクラブ（☎090-5136-7709 MAP 附錄背面⑨J5）以「與馬共同生活」為標語舉辦許多以馬為中心的活動，這裡不定期舉辦騎馬、親密體驗、邊看馬邊享受美酒佳餚的「馬場BAR」等活動。

(株) FRESH GROUP淡路島　負責人
森　靖一先生

我最愛的其他香川、直島、淡路島風景

Check

從地圖瀏覽香川、瀨戶內諸島
從哪裡玩起好？我的私房旅行

香川是日本最小的縣。雖然迷你，卻有多采多姿的景色及非常多美食。
首先確認每個區域的特徵，試著想像會有怎樣的旅程吧。

購物與美食
香川觀光的中心區域

たかまつしうん
高松市區

JR高松站與高松港所在地，是香川旅行的據點。來去特別名勝栗林公園(→P52)及翻新港灣地區倉庫街的北濱alley(→P54)散散步吧。

高松港周邊有裝置藝術品

爬上長長的石階梯，
祈求幸福

ことひら
琴平

金刀比羅宮就位於此區域，它又被暱稱為「金刀比羅樣」，深受大家喜愛，還有「一生一定要參拜一次金刀比羅」的說法。宮境內有許多可看之處，在門前町逛逛也很有趣。

一進大門馬上可以看見5間糖果店

爬上785階的石階梯，到御本宮去參拜吧

Check

從瀨戶紀念公園眺望瀨戶大橋

🌲 自然景成

P50

不只是重要交通要道，還有令人感動的美景在等著你

せとおおはし
瀨戶大橋

瀨戶大橋連接本州與香川，這座橋美到如果只是經過就太可惜了。在橋邊有與瀨戶大橋相關的設施及美術館等。

┌ mytrip＋more! ┐

有趣的藝術巡禮

せとうちのしまじま
瀨戶內諸島

P81

瀨戶內諸島為瀨戶內國際藝術祭(→P14)的舞台，現為受到世界矚目的景點。感受諸島的美景與體會島上悠閒的生活也相當有魅力。

岡山縣

宇野線
犬島
瀨戶大橋線
豐島
小豆島

直島
高松
瀨戶內海

琴電
香川縣
高德線

從哪裡玩起好？ 我的私房旅行

N
0 — 10KM

播磨灘

小豆島
436

高松市區

瀨戶內海　　兵庫縣

度IC
津田寒川IC
津田東IC
JR高德線
高松自動車道
377
白鳥大内IC
引田IC
土成IC
藍住IC
318
192
德島縣
193
55

神戶淡路鳴門自動車道
西淡三原IC
淡路島南IC
鳴門北IC
11
鳴門海峽
板野IC
鳴門IC
鳴門
池谷
松茂スマートIC
德島IC
德島

連結兵庫縣與德島縣

あわじしま
淡路島

P102

島上有神戶淡路鳴門自動車道通過，且島上有許多知名的賞花景點。也要關注四季皆有美麗花朵盛開的淡路花卉山丘(→P104)與島上美食。

山陽新幹線
神戶
愛媛
岡山縣
岡山縣
播磨灘
神戶淡路鳴門自動車道
高松
淡路島
高德線
香川縣
德島自動車道
德島線
德島
德島縣
和歌山縣

🍴 美食品味

想吃遍烏龍麵就千萬不可錯過的區域

まるがめ・さかいで
丸龜・坂出

這個區域有許多讚岐烏龍麵名店。坂出同時為瀨戶大橋連接四國的玄關口，丸龜、坂出與琴平皆位於中讚地區。

在おか泉可以吃到超好吃的炸蝦蘿蔔泥冷麵

Listen

須事先了解的基本二三事
我的旅行小指標

要住宿幾天？怎麼移動？該吃什麼？以下整理出能指引旅行疑難雜症
的10個小指標，不妨在安排行程時列入參考喔。

準備出發前…

如果想要好好逛，
至少要3天2夜

高松市區和特別名勝栗林公園(→P52)可視
為一體，所以排1天就OK了。讚岐烏龍麵巡
禮加上到金刀比羅宮參拜，如果還想把足跡
延伸到瀨戶內諸島的話，就需要3天2夜。
瀨戶內諸島在假日時可能相當擁擠，做好寬
鬆一點的計畫是成功的關鍵。

美食當然首推
烏龍麵及當地食材

說到香川當然會想到讚岐烏龍麵(→P30)，
但橄欖幼鰤魚(→P64)與橄欖牛(→P65)等，
當地的知名食材也非吃不可。也請務必大口
嚐嚐看好吃的帶骨雞肉(→P62)及發揮淡路
島洋蔥美味的美食。

美食月曆

- 9月中旬～1月…橄欖幼鰤魚
- 10月上旬～11月中旬…橄欖

最推薦的旅遊季節
是春季與秋季

特別名勝栗林公園與金刀比羅宮(→P44)也
是遠近馳名的賞櫻與賞楓景點，如果想品嘗
小豆島(→P84)現採的橄欖風味，就要在10
月～11月中旬。如果想欣賞島上的藝術
品，春天和秋天是最佳的散步季節。

主要活動

- 4月左右…四國金比羅歌舞伎大劇場
- 5月3、4日…丸龜古城祭典
- 10月9日～11日…金刀比羅宮例大祭
- 12月中～下旬…高松冬季祭典

非去不可的
2大觀光景點

特別名勝栗林公園被國家指定為特別名勝，
是日本最為寬廣的庭園；金刀比羅宮為全國
皆有據點的金刀比羅神社的總本宮。請務必
造訪這兩個有歷史及淵源的超受歡迎觀光景
點。

Listen

抵達香川之後…

空路的玄關口
是高松機場

每天會有13班班機從羽田機場起飛至此，關東地區至此的交通相當便利。而成田機場一天最多也會有2班廉價航空的班機飛至此。從高松機場搭乘機場利木津巴士至JR高松站大約40分鐘；搭乘琴空巴士至JR琴平站約為45分鐘。

從高松港搭船
可以抵達瀨戶內諸島

以高松港為據點，有許多渡輪與高速船運行。大約只要30分鐘～1小時就能前往各個小島，所以也可以從高松當天來回各個島嶼。如果想前往犬島得先在直島或豐島轉乘。有些島的交通船班次較少，事先確認非常重要。詳細資訊請見P82。

住宿最為便利的
是高松市區

在高松觀光或環遊小島之旅時最為便利的，就是有許多高CP值的住宿地點的高松市區。高松丸龜町商店街周邊聚集了許多店家與美食，晚上也非常熱鬧。如果想要享受溫泉的話，推薦大家可以住宿在有許多溫泉旅館的琴平地區。

利用JR或是琴電
往返各區域

如果要前往琴平地區，那就搭乘JR或是琴電，要去丸龜、坂出地區則是搭乘JR。如果想吃遍散落各地的烏龍麵名店，那就推薦大家租車。

想吃遍烏龍麵名店就交給
專家烏龍麵計程車

想來趟吃遍烏龍麵名店之旅時總是會不小心迷路。交給熟知烏龍麵的烏龍麵專家司機所駕駛的「烏龍麵計程車」就可以安心了。司機還會告訴你他自己特有的順序與烏龍麵的歷史、文化等等事情，能讓烏龍麵之旅更加有趣。

information

- 烏龍麵計程車
- ☎0877-73-2221（琴巴士計程車預約中心）
- ¥一小時4700日圓～（人數4、5人）

想找伴手禮就到
高松丸龜町商店街

像是まちのシューレ963(→P12)及さぬき菓子工房おんまいルーヴ(→P74)等等，許多受歡迎的店家都聚集在高松丸龜町商店街，最適合來尋找高品味的伴手禮。

詳細交通資訊請見P120

我的旅行小指標

Route

不知道該怎麼玩時的好幫手
標準玩樂PLAN

既想要品嘗烏龍麵、也想要好好觀光！那不妨照著下列行程走走看如何呢？
盡情把自己想去的店家加進行程中，規劃出自己最喜歡的行程吧。

Plan

第 1 天

Start

JR高松站
｜車程25分

坂出周邊
1 がもううどん
｜車程30分（走高速公路）

琴平周邊
2 金刀比羅宮
｜從御本宮步行10分

3 カフェ&レストラン神椿
｜車程45分（走高速公路）

高松市區
4 まちのシューレ 963
｜步行3分

5 さぬきの大地と海
瀬戸內鮮魚料理店

第 2 天

高松市區
6 特別名勝栗林公園
｜步行7分、搭電車8
分、步行4分

7 瀬戸內國際藝術祭
公眾藝術
｜搭渡輪50分、下船步
行即到

直島
8 紅南瓜
｜步行即到、搭巴士6
分、步行5分

9 Apron Cafe
｜步行5分、巴士6分、搭
渡輪60分、步行15分

高松市區
10 北濱alley
｜步行15分

1 JR高松站

Finish

第1天 **1** 早餐

2 參拜金刀比羅

Start

J
R
高
松
站

丸龜・坂出周邊 ——— P30

がもううどん

被稱為讚岐烏龍麵風潮原點的名
店，最先要來這吃早餐。也請享受
讚岐烏龍麵的醍醐味——全自助式
的用餐方式。

琴平周邊 ——— P44

金刀比羅宮

來這香川最具代表性的能量靈場祈
禱幸福。境內也是知名的藝術品寶
庫，希望大家可以連同表書院與寶
物館一起參觀。

第2天 **6** 在名園中吃早餐

7 欣賞藝術

高松市區 ——— P52

特別名勝栗林公園

深富風趣的池泉回遊式大名庭園，
早餐可以在池畔的茶屋・花園亭中
邊品嘗早餐粥品邊欣賞美麗的景
色，這可是行家的玩法喔。

高松市區 ——— P100

瀬戸內國際藝術祭
公眾藝術

在前往瀬戸內諸島的據點高松港旁
有許多公共藝術品，在乘船之前先
在周邊散散步吧。

Route

3　午餐

（琴平周邊）　　　　P61

かふぇ×あんどれすとらんかみつばき
カフェ&レストラン神椿

由資生堂 Parlour一手企劃，位於金刀比羅宮境內的Café & Restaurant。除了午餐之外，也推薦大家點個咖啡餐點休息一下。

4　尋找伴手禮

（高松市區）　　　　P12

まちのしゅーれきゅうろくさん
まちのシューレ 963

可以在此找到香川的美味食物、生活雜貨與民藝品等店家精選出的上等物品，也可在這讓人身心放鬆的咖啡廳稍作歇息。

5　晚餐

（高松市區）　　　　P64

さぬきのだいちとうみ せとうちせんぎょりょうりてん
さぬきの大地と海 瀬戸內鮮魚料理店

有許多使用瀬戸內的鮮魚與香川蔬菜的料理，讚岐名產「橄欖幼鰤魚」非吃不可。

草間彌生《紅南瓜》2006年直島‧宮浦港綠地

8　島上藝術巡禮

（直島）　　　　P15

あかかぼちゃ
紅南瓜

在藝術聖地直島迎接大家到來的，就是港邊的公共藝術「紅南瓜」。島上藝術巡禮之旅就從此處開始。
MAP 附錄正面⑦A4

9　咖啡廳午餐

（直島）　　　　P94

えぷろん かふぇ
Apron Cafe

這間位於本村區域內的咖啡廳相當受女性歡迎。請品嘗看看，由營養管理師所想出來的，讓身體恢復精神的健康午餐與甜點。

10　逛逛倉庫街

（高松市區）　　　　P54

きたはまあり─
北濱alley

將港邊的舊倉庫街翻新之後而成，位於海邊的人氣景點。有許多富有獨特個性的雜貨店，及可以眺望海景的復古氛圍的咖啡廳。

Finish

JR高松站

標準玩樂PLAN

〈 旅行一點靈 〉

到「高松市Information Plaza」收集資訊

位於JR高松站前廣場，香川縣各地的觀光手冊及時間表相當齊全。也提供交通、名勝、飯店等資訊洽詢。（☎087-851-2009 ●9:00～18:00※2016年1月時）

想嘗遍烏龍麵名店就要租車

車子是想嘗遍烏龍麵名店時不可或缺的工具。可以利用位於機場及JR主要站的租車公司。已經輸入烏龍麵店資訊的衛星導航及烏龍麵店地圖等，每家租車公司的設備也一應俱全！

搭上懷舊電車
輕鬆逛過觀光景點

要到坂出、丸龜等主要都市可以搭JR，要到栗林公園及琴平等觀光地可以利用琴電。一天內可在全線自由上下車的「一日乘車券」（1230日圓）非常划算。

詳細交通資訊請見 → P121

WELCO

KAG

現在最想一探究竟

ME TO

AWA

的香川觀光

Let's start your trip!

佇立在農田與民宅間
讚岐烏龍麵巡禮絕對要去的名店

位於農田中央及民宅巷弄間等令人震驚的地理位置，也是烏龍麵名店之旅受歡迎的秘密之一。
設定好車上導航之後，出門去尋找目標的烏龍麵店吧。

COMMENTED BY 谷本小百合 WRITER

1 小（1球）150日圓、大（2球）250日圓、特大（3球）350日圓，非常便宜。配料中最受歡迎的是甜甜的巨大油豆腐（100日圓）

(丸龜・坂出周邊)

がもううどん

在如田園詩歌般的悠閒氛圍中
品嘗絕對好吃的藍天烏龍麵

位於農田與民宅間，會讓人不禁懷疑：「這種地方真的有店嗎？」，這家店就是引領烏龍麵之旅風潮的店家。選擇麵量與冷、熱，放上喜歡的炸物再加入喜歡的高湯後，走到開放感十足的店頭吧。彈牙的麵體還有溫順的高湯，飄散著鄉愁的店內裝潢…。正可謂讚岐烏龍麵最初的景象就在此處。

2 不只在夏天與冬天改變麵體的粗細，水分與鹽分的添加也會因應當天的氣溫、濕度改變，嚼勁柔韌
3 店家就位於國道11號線不遠處

SHOP DATA

☎0877-48-0409 附錄正面①B2 坂出市加茂町420-1 JR坂出站車程15分 8:30～14:00（週六、假日～13:00）、售完打烊 週日、每月第3、第4個週一 店內8 54輛

HAVE A NICE TIME

1
金黃透明的高湯，
不管冷熱口感都非
常溫潤

2
配料種類豐富。炸
物、溫泉蛋各100
日圓，生蛋為50
日圓

3
人潮不絕的排隊名
店。推薦大家可以
在人潮相對較少，
早一點的時段去

4
店門前有幾個露天
座位。也有許多人
直接站著吃

GOURMET GUIDE

就算迷路也值得一去！
連風景也是絕美佳餚的烏龍麵名店

在抵達店家時，會感到十分感動的鄉間小路。邊欣賞周邊的景色，
抱著一點冒險精神特地去吃的烏龍麵，有著獨一無二的味道。

COMMENTED BY 本条あゆみ EDITOR

（坂出・丸龜周邊）

あやうたせいめん
あやうた製麺

大口吃下容易攝取不足的蔬菜！
身體會感到愉悅的健康烏龍麵

あやうた製麺位於可眺望讚岐富士的田園風景中，
由以炸蔬菜蘿蔔泥烏龍麵聞名「もり家」精心打
造。添加了「讚岐之夢2009（さぬきの夢2009）」
品種麵粉的烏龍麵，加上大量的香川縣產蔬菜，
搭配油和特製醬油一起品嘗的"蔬菜
烏龍麵"特別受到好評。

☎0877-86-3993
🗺附錄背面⑨C6　🏠丸龜市綾
歌町岡田西1785　🚉JR琴平站車
程15分　🕙10:00～14:30
😴週一（逢假日則營業，翌日休）
🪑40　🅿25輛

SHOP DATA

1 あやうた的蔬菜烏龍麵～搭配蒜油～1
球750日圓　2 鄉間咖哩烏龍麵加上「じ
ゃこかつ（炸海鮮蔬菜餅）」1球550日
圓　3 店家位於可以眺望讚岐富士的農
田正中央　4 活用古民家特色的店內

(琴平周邊)

やまうちうどん

靜靜佇立在竹林中的傳說名店，屬於元祖・宮武烏龍麵一派。全手工製作，邊角銳利帶嚼勁的烏龍麵，最基本的吃法就是冷麵＋熱湯的「ひやあつ」。小魚乾高湯一下就能溫暖身心。

☎0877-77-2916　MAP附錄背面⑨C7
🏠まんのう町大口1010　🚉JR黑川站車程5分
🕐9:00～14:30(售完打烊)　休週四　席30
Ｐ30輛

1 ひやあつ小碗一球（200日圓）＋炸花枝腳（130日圓）。使用柴火煮出的麵非常有彈力2樸素的店面裝潢讓人很放鬆

(琴平周邊)

谷川米穀店

深山、清澈的棧溪…。吸引人潮前來，撫慰人心的地理位置，與搭配名產・青辣椒醃漬物一起品嘗的烏龍麵，是家想吃就要排隊覺悟的名店。千萬別驚訝大叫「沒有高湯」，加醋及青辣椒醃漬物等，是能盡情享受自我風格吃法的形式。

☎0877-84-2409　MAP附錄背面⑨D7
🏠まんのう町川東1490　🚉JR琴平站車程30分
🕐11:00前～13:00後(售完打烊)　休週日　席20
Ｐ3輛

1 立處被溪谷所包圍的位置　2 冷烏龍麵小碗1球150日圓

(琴平周邊)

西端手打 上戸

雖然只有湯烏龍麵和濃湯烏龍麵，但simple is best。可以遇見「這就是王道！」的烏龍麵。僅有西讚才能品嘗到的粗麵&伊吹島產小魚乾提取的高湯。也是擁有一整片海景的超棒兜風景點。

☎0875-52-2711　MAP附錄背面⑨A8
🏠観音寺市豊浜町箕浦974-1　🚉JR琴平站車程40分
🕐6:00～15:00(售完打烊)　休週四(可能臨時休息)　席14　Ｐ15輛

1 湯烏龍麵小碗220日圓　2 晴天時，眼前一整片的燧灘會閃閃發亮

讚岐烏龍麵風潮的原點！
吃遍中讚地區的王道名店

烏龍麵風潮就起源於香川的中讚地區！
有許多個性派烏龍麵店接連推出獨特風格，邊吃邊比較也很有趣。

COMMENTED BY　本条あゆみ　EDITOR

(丸龜・坂出地區)

やまごえうどん
山越うどん

歡迎來到烏龍麵遊樂園！
絕對好吃的 "釜玉的山越"

煮食烏龍麵長達60年，捧紅「釜玉」的最大功勞者・山越うどん。從釜鍋中撈出剛煮好的Q彈粗麵，拌上生蛋和一點高湯醬油後，散發著金黃光芒的「釜玉」就此完成。真想趁蛋還半熟時一口吞下。

☎087-878-0420
附錄背面⑨D6
綾川町羽床上602-2　琴電瀧宮站車程10分　9:00~13:30
休週日　席90　P200輛

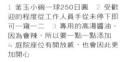

SHOP DATA

1 釜玉小碗一球250日圓　2 受歡迎的程度從工作人員手從未停下即可一窺一二　3 專用的高湯醬油。因為會辣，所以要一點一點添加　4 庭院座位有開放感，也會因此更加開心

HAVE A NICE TIME

1
可以自由選擇熱高湯或冷高湯的自助式形式

2
放上生蛋、山藥的月見山（250日圓）是僅次於釜玉的熱銷商品

3
搭配最受歡迎的炸馬鈴薯（100日圓）及炸竹輪（100日圓）等炸物

4
如果運氣好的話，說不定還能見到可愛的店貓mozuku來迎接你喔

GOURMET GUIDE

(丸龜・坂出周邊)

なかむら
なかむら

以曾經要大家直接摘採旁邊農田裡的蔥，自己切蔥的終極自助式而聞名的名店，現在店裡許多獨特的形式仍是讓許多人驚訝。明明柔軟卻有嚼勁，那不可思議的口感也是獨一無二。如果天氣好的話，就到戶外邊欣賞讚岐富士邊品味美食。

☎0877-98-4818　MAP 附錄背面⑨C6
🏠丸龜市飯山町西坂元1373-3　🚃JR丸龜站車程15分
🕘9:00～14:00左右（週日8:30～，售完打烊）　🈂週二（逢假日則翌日休）　🪑60　🅿35輛

1 熱湯烏龍麵小碗一球（220日圓）＋炸竹輪（100日圓）　2 店內現炸的炸物，就算冷掉也很好吃

(丸龜・坂出周邊)

たむら
田村

繼承被稱為"神之手"的製麵名人手藝的超級人氣店。表面的光澤、彈力、小麥的風味，無論哪項的品質都很高。如果想要品嘗麵體超凡的美味，就推薦你吃最基本的醬油湯頭。直接向廚房裡面的大廚點餐這種傳統形式也很有趣。

☎087-876-0922
MAP 附錄背面⑨D6　🏠綾川町陶1090-3　🚃JR坂出站車程20分　🕘9:00～13:00左右，售完打烊　🈂週日、國定假日　🪑20　🅿30輛

1 有許多人會不小心錯過招牌。把排隊人龍當成目標吧
2 冷烏龍麵小碗一球200日圓

丸龜・坂出周邊

ほんかくてうちうどん おかせん
本格手打うどん おか泉

無論是味道、待客、店內擺設皆非常優秀。這間在假日時會有超過1000人造訪的名店,他們最受歡迎的「ひや天おろし(炸蝦蘿蔔泥冷麵)」是店家特別申請商標的自信之作。碗無法完全容納的炸蝦、如絲絹般滑順的麵體,請品嘗這更高一等的味道。

☎0877-49-4422　MAP附錄背面⑨C5
🏠宇多津町浜八番丁129-10　🚉JR宇多津站車程5分　🕐11:00~20:00LO　休週一、二(逢假日則營業)　🪑50　🅿41輛

1 炸蝦蘿蔔泥冷麵
(972日圓),味道堪稱料亭等級
2 店內整體擺設為和式風格

1 沒有炸物等配料,非常單純的烏龍麵店　2 長田的代名詞・釜揚烏龍麵小碗250日圓

丸龜・坂出周邊

かまあげうどん ながたいんかのか
釜あげうどん 長田in香の香

這是家口耳相傳「沒吃過這裡的釜揚烏龍麵,就別談論釜揚烏龍麵」的名店。從碗中往上飄散的熱氣當中,還能聞到小麥的香氣。裝在特製酒甕中,濃厚風味的小魚乾高湯與滑嫩的麵體非常搭。

☎0877-63-5921　MAP附錄背面⑨B6
🏠善通寺市金藏寺町1180　🚉JR金藏寺站車程5分　🕐9:00~17:00　休週三、四(逢假日則營業)　🪑120　🅿120輛

琴平周邊

おがたや
小縣家

醬油烏龍麵加上一整根蘿蔔與磨泥器。這要自己磨蘿蔔泥的特別形式是這家店的特徵。連蘿蔔汁也一滴不剩地全加進去,再擠上酢橘之後,元祖醬油烏龍麵就完成了!強韌的嚼勁讓你回味無窮。

☎0877-79-2262　MAP附錄背面⑨C7
🏠まんのう町吉野1298-2　🚉JR琴平站車程15分　🕐9:30~15:00(週一~14:00、六、日、假日~17:00)　休週二　🪑185　🅿100輛

1 醬油烏龍麵小碗450日圓　2 搭配上許多新鮮現磨的蘿蔔泥

GOURMET GUIDE

想吃就馬上出發！
高松街上的讚岐烏龍麵

就連有「就算不特地去排隊，也有烏龍麵店可以吃！」
想法的讚岐人也會無論早、中、晚，都會不小心跟著一起排隊吃上一碗的烏龍麵。

COMMENTED BY 本条あゆみ EDITOR

1 湯烏龍麵小碗180日圓　2 約有40種的炸物。全部均一價90日圓，真是讓人開心的價格

(高松市區)

さかえだ
さか枝

被稱為「工作前的烏龍麵」，深受當地民眾喜愛的店家。就算每天吃也不膩，滑潤的自家製麵，和小魚乾風味強烈的高湯絕配。不只炸物，再加上讚岐名產・炸魚板，可以品嘗這超棒的王道組合。可以當作烏龍麵之旅的起點。

☎087-834-6291　MAP附錄正面②B3
🏠高松市番町5-2-23　🚶琴電瓦町站步行15分　🕐5:30～15:00　休週日、假日
🪑50　🅿16輛

(高松市區)

せるふうどんのみせ ちくせい
セルフうどんの店 竹清

竹清發祥・炸半熟蛋現在已經成為招牌菜之一。因為是點餐之後才下鍋油炸，所以蛋黃滑潤的口感妙不可言。當你所點的炸物炸好之後，店家會大聲叫你的名字，此時請大聲回應吧。自己煮麵、加高湯，是自助式店家的先驅。

☎087-834-7296　MAP附錄正面②B3
🏠高松市亀岡町2-23　🚶琴電瓦町站步行15分　🕐11:00～14:30，售完打烊　休週一（逢假日則翌日休）　🪑26　🅿8輛

1 湯烏龍麵一球（170日圓）＋炸半熟蛋（100日圓）。還有半球（140日圓）　2 擺放在入口旁的炸物香氣相當吸引人

（高松市區）

てうちじゅうだん うどんばかいちだい
手打十段 うどんバカ一代

以「奶油釜揚烏龍麵」遠近馳名的人氣名店。彈牙的麵體搭配上滑順的生蛋及濃郁的奶油，簡直就是"日式奶油培根蛋義大利麵"。胡椒達到很好收斂味道的效果，不會太膩，受女性喜愛。

☎087-862-4705　MAP 附錄正面②C3
🏠 高松市多賀町1-6-7　🍴琴電花園站步行10分
🕐6:00～18:00　🈺無休　🈺42　P30輛

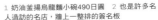

1 奶油釜揚烏龍麵小碗490日圓　2 也是許多名人造訪的名店，牆上一整排的簽名板

---

1 咖哩烏龍麵700日圓　2 關東煮有牛筋（150日圓）、天婦羅（100日圓）、豆腐（300日圓）等

（高松市區）

てうちうどんつるまる
手打ちうどん鶴丸

位處繁華街中，到深夜都可以享受美味的烏龍麵，所以營業時間才開始就高朋滿座。加入甘甜小魚乾高湯的和風咖哩烏龍麵，不會讓人感到沉重，呼嚕嚕地就吃進肚子裡了，很適合在喝完酒後吃上一碗。

☎087-821-3780　MAP 附錄正面②C2
🏠 高松市古馬場町9-34　🍴琴電瓦町站步行5分
🕐20:00～翌日3:00　🈺週日、假日　🈺47
P無

（高松市區）

らいおんどおり こんぴらうどん
ライオン通り こんぴらうどん

創業於昭和33年（1958），是元祖・細麵的店。寬度僅5mm的極細麵，雖然細但非常有嚼勁。請務必品嘗看看最單純的烏龍涼麵。在高級讚岐生牛肉上淋上熱高湯的「涮牛肉烏龍麵」（1000日圓）也非常好吃。

☎087-823-4477　MAP 附錄正面②C2
🏠 高松市古馬場13-7ルベールビル1F　🍴琴電瓦町站步行7分　🕐18:00～翌日2:30　🈺週日(逢連假則翌日休)　🈺30　P無

1 細切烏龍涼麵700日圓　2 位置稍微隱密，是如隱藏市井般的烏龍麵店

将旅行One Scene融入生活

SANUKI UDON

除了午餐以外，法事、結婚典禮、新年烏龍麵，甚至還有「新居第一次泡澡時吃的烏龍麵」等等，香川縣人幾乎可以說與UDON悲喜與共（！？）也不為過。正因為與生活如此緊密，生活周遭有各種種類的UDON之故，對麵的粗細、高湯口味、配料、吃法等"理想的烏龍麵"的堅持也因人而異。

請你試著詢問香川的人「請問你的絕配是？」看看，他們肯定會告訴你他自己的堅持與很棒的店家資訊喔。

日本蔬菜品嘗師協會認定
蔬菜品嘗師
池田奈央女士

香川縣土生土長的蔬菜品嘗師。為了希望全國民眾可以知道氣候溫暖且擁有許多食材的香川縣魅力而從事許多活動。

告訴我們的人

COMMENT

「好消化的烏龍麵是廣受從吃斷奶食品的小嬰兒到年長者等各年齡層縣民喜愛的靈魂食物。也有許多人會在感冒時吃，此外在年底，也有許多家庭會用烏龍麵來取代過年的蕎麥麵」

分辨好吃烏龍麵的方法

新鮮度
「新鮮度是生烏龍麵的生命線。剛桿好、剛煮好的麵，嚼勁和滑過喉嚨時的感受都是一流的」

邊角
「『邊角銳利』是指四角形的烏龍麵切斷時，斷面可以看見邊角部分有點膨脹。這是師傅手工製作的烏龍麵才會有的特徵，也是有絕佳嚼勁的證據」

美麗光澤
「這是最容易分辨的點。有光澤＝表面非常滑順的證據」

粗細
「雖然每個人的喜好不盡相同，但一般來說，恰到好處的粗細才容易在麵體滑過喉嚨時有最棒的感受」

在自家煮麵時的秘訣

1
在大鍋子裡加入大量的熱水煮，水量大約是麵的10倍。

→

2
把麵放入水中，讓水再沸騰之後，把火轉小，讓麵可以在水中翻滾。

→

3
如果是半生烏龍麵的話，撈起馬上沖冷水搓揉，這樣麵體才能緊縮起來。

（ 高松市區 ）—— 可以在這邊買到一球一球的烏龍麵

うえはらやほんてん
上原屋本店

這家店也深受當地人喜愛，烏龍麵球100日圓（一球），高湯80日圓
※烏龍麵球最重視新鮮度，所以如果想買伴手禮的話，推薦大家購買郵購禮品半生烏龍麵單品附高湯（432日圓）

☎087-831-6779 MAP 附錄正面②B4
🏠高松市栗林町1-18-8 ！琴電栗林公園站步行5分 🕘9:00～16:00 休週日 座50 ⓟ18輛

池田女士 **RECOMMEND**

王道烏龍麵要搭配縣民所愛的配料

炸竹輪
「使用了瀨戶內海捕撈到的新鮮小魚做成的魚漿是美味的秘密」

炸半熟蛋
「滑潤且濃厚的蛋黃是重點。深受男女老少喜愛,在許多店家裡都是最受歡迎的配料!」

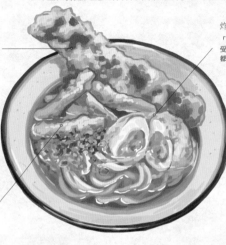

炸牛蒡
「在香川縣,有把入味的燉煮物在隔天做成炸物的飲食文化。又甜又鹹的牛蒡和單純的沾醬超級絕配!」

可以在
這邊品嘗
（高松市區）

せるふうどんのみせ ちくせい
セルフうどんの店 竹清

炸竹輪（100日圓）、炸牛蒡（100日圓）、炸半熟蛋（100日圓）等等

DATA→P38

重遊烏龍麵之旅的人也可以挑戰不同變化!

咖哩烏龍麵

「在家裡煮咖哩烏龍麵時,能夠凸顯出鰹魚或小魚乾高湯味道之處就是重點。如果想在店裡品嘗的話,就要到人氣名店·五右衛門去!」

可以在
這邊品嘗
（高松市區）

うどんやごえもん
餛飩家 五右衛門

咖哩烏龍麵800日圓
黑咖哩烏龍麵900日圓

☎087-821-2711 MAP 附錄正面②C2 ▲高松市古馬場町13-15 ‼琴電瓦町站 步行7分 ◉20:00～翌日1:30（麵售完打烊）㉺週日、假日（遇連假則連假最後一天休息）◉35 Ｐ無

卓袱烏龍麵

「加入白蘿蔔、紅蘿蔔等非常多蔬菜燉煮而成的香川鄉土料理。在冬天品嘗更顯美味」

可以在
這邊品嘗
（高松市區）

たにがわせいめんしょ
谷川製麵所

☎087-849-1628 MAP 附錄正面①D3 ▲高松市東植田町2139-1 ‼高松中央IC車程20分 ◉11:00～14:00 ㉺無休 ◉20 Ｐ30輛

烏龍麵小碗250日圓

將 旅 行 ◆ One Scene 融入 生活

悠閒漫步於清新的神社樹林中
來個 "金刀比羅樣" 健行之旅

你是不是認為金刀比羅宮就只是去爬石階而已呢？接觸那些珍貴的藝術品，
在清新的空氣中深呼吸吧。實際上爬上去後，會看見完全不同的景色。

COMMENTED BY 高田ともみ WRITER

四季皆會展現出不同風貌，境內有豐富的自然景象

(琴平周邊)

ことひらぐう
金刀比羅宮

參觀時間約
4 小時

一生至少要造訪一次
四國第一的能量靈場

本殿位於象頭山山腰，是金刀比羅神社的總本宮。受到大家喜愛，還被暱稱為「金刀比羅樣」，一年約有400萬人前來參拜。到御本宮要爬785階，到奧社要爬1368階，這個超長的石階梯非常有名，但其實境內還有幾個文化設施收藏日本國內屈指可數的美術作品。例如圓山應舉與高橋由一等，可以盡情欣賞從江戶到明治時期的珍貴作品。

☎0877-75-2121(金刀比羅宮社務所) ┇MAP┇附錄正面③A4
🏠琴平町892-1 🚃JR琴平站至大門要步行30分
💰免費參拜(部分設施需付費) 🕐自由參拜(付費設施8:30～17:00) 🈺無休 🅿可利用町營站前停車場172輛

Check!

是怎樣的神明？

很久以前象頭山山腳還沉在海平面下，因為傳說此處曾有船隻停泊處，所以除了是海上交通的守護神之外，也保佑五穀豐饒及居家平安

參拜的小訣竅

因為石階梯不只陡峭且很長，所以最好穿上常穿的運動鞋。也可活用可在店家借到的拐杖(→P78)

參拜時的景點

位於境內的博物館及美術館是收藏與金刀比羅宮有淵源的珍貴藝術品的寶庫，在稍微喘口氣時走進去看看吧

WHAT'S "KONPIRASAN'S WAY"?

こんぴらいぬ
金刀比羅狗

穿越從大門一路延伸的石板路的櫻馬場之後，就可以看到金刀比羅狗的銅像在此迎接你。這個銅像的由來，來自江戶時代庶民被禁止外出旅行，代替飼主前往參拜的代參犬象徵。

門前町

還留有舊時風情的門前町。名產店櫛比鱗次，熱鬧得非常有觀光景點的氣氛（→P48）。

嚴魂神社(奧社) • 菅原神社
絵馬堂　緑黛殿　三穂津姫社　睦魂神社
嚴島神社　　　　　　　常盤神社　•白峰神社
旭社　　　　　御本宮
祓戸社•火雷社
金刀比羅狗　　　　　社務所
銅馬　　御年神社　車知神社　神楽殿
カフェ&　　　　　大山祇神社　　　神札所
レストラン神椿(→P61)
表書院
椿書院
神馬舎　　書院
奧書院
寶物館　　高橋由一館
五人百姓　金毘羅庶民信仰資料収蔵庫
大門　金刀比羅本教総本部
舊金毘羅大劇場(金丸座)
海の科学館　　門前町　琴電琴平站
高燈籠　琴平線
鞘橋　金倉川　大宮橋　Start&Goal
商店町街　町營站前西側停車場　參道　JR琴平站
JR土讚線

いづたまじんじゃ
嚴魂神社

標高421m，爬完總共1368階的石梯後，就可看見奧社座落於此。在此祭祀著金刀比羅本教的教祖，嚴魂彥命。

しろみねじんじゃ
白峰神社

距離御本宮大約1km處，位於延伸至奧社的石階梯中段的紅色社殿。在此祭祀著崇德天皇與其母親，待賢門院。

往返約4小時
常見的參拜路線範例

從琴平站步行至大門約30分鐘。從大門不繞路直接走到御本宮約30分鐘，但還要計算參觀美術館等的時間，好好的評估並確保充足的時間吧。門前町散步購物就等到參拜之後再慢慢逛吧。

Start JR琴平站 → ①大門 步行約30分 → ②五人百姓 步行即到 → ③寶物館 步行5分 → ④高橋由一館 步行3分 → ⑤表書院 步行3分 → ⑥旭社 步行10分 → ⑦御本宮 步行10分 → Goal JR琴平站 步行1小時

CHECK

主要觀光景點

大門
おおもん ———————————— P45①

就位於被稱為一之坂的陡峭階梯盡頭。是重簷歇山頂式，瓦葺的總門，由水戶光國的兄長，同時為第一代高松藩主的松平賴重所捐獻建造而成。是神宮境內的入口，跨過這道門後就會進入神明的領域中。

1 大門就位於石階梯
總長一半左右的地方
2 轉頭就可以遠眺門
前町那頭的讚岐平原

五人百姓
ごにんひゃくしょう ———————————— P45②

在傘下販賣金刀比羅名產之一·加美代飴的5間糖果店。被稱為「五人百姓」，他們被特別許可能在境內做生意。走過大門之後馬上可以看到。

☎0877-75-3694(代表號　池商店)　MAP附錄正面③B4
🕐7:00～17:00(因季節、天候而有變動)　休無休　P無

1 白色大傘就是標誌　2 用附贈的小槌子敲碎享用。有些許的柚香，5片裝500日圓～

旭社
あさひしゃ ———————————— P45⑥

社殿建成於天保8年（1837），這棟耗費40年才建造完成的華麗建築，眼前所至可見捲雲、人物、鳥獸、花草等非常精緻的裝飾。也是日本政府指定的重要文化財。

1 是會讓參拜民眾誤會為御本宮的豪華社殿
2 面對旭社所建造的迴廊。可以在設置於此處的長椅上稍作休息

御本宮
ごほんぐう ———————————— P45⑦

在爬完被稱為最後難關的陡峭階梯、御前四段坂之後，就可抵達御本宮。位於海拔251m的莊嚴社殿，是在明治11年（1878）年改建的建築，繪製在壁板及天花板上的蒔繪非看不可。

1 遵循參拜步驟到御本宮參拜吧　2 從廣場眺望的景色　3 金刀比羅原創笑顏元氣くん朱印帳1500日圓　4 附有以金刀比羅狗為原型的吊飾的幸福黃色御守1500日圓

充滿藝術氣息的繞遠路 ♪

B とらのま「ゆうこず」
虎之間《遊虎圖》
圓山應舉知名的代表作，是一幅拉門壁畫，畫中捕捉到了老虎的各種表情

A じゅういちめんかんのんりつぞう
十一面觀音立像
平安時代的作品，像高144.8cm，由一整根檜木刻出的佛像

C おうかず
櫻花圖
利用昏暗的背景來強調櫻花的粉淡色調，運用了從背景開始描繪起的油畫技法繪製而成

C とうふ
豆腐
據說是想利用描繪豆腐等貼近生活的素材來推廣油畫

ほうもつかん ── P45 ③
寶物館
建於明治38年（1905）的博物館。這棟和洋折衷的莊重建築物，也被認為是西日本最古老的博物館。在龐大數量的奉獻品當中，一整排並列的〈三十六歌仙額〉非常震撼人心。
作品Ⓐ
附錄正面③B4 門票800日圓 8:30～17:00（入館時間～16:30）無休

おもてしょいん ── P45 ⑤
表書院
本棟建築物過去曾是客殿，與圓山應舉的拉門壁畫一起被日本政府指定為重要文化財。平常不對外開放的奧書院裡，也收藏了伊藤若沖的《百花圖》等非常多名畫（不定期開放）。
作品Ⓑ
附錄正面③B4 門票800日圓 8:30～17:00（入館時間～16:30）無休

たかはしゆいちかん ── P45 ④
高橋由一館
這裡收藏著以日本西洋畫開拓者而為人所知的高橋由一的作品。高橋由一活躍於明治期間，館內所展示的27幅油畫並非模仿西方風格而繪製，而是展現出日本人獨特感性。
作品Ⓒ
附錄正面③B4 門票800日圓 8:30～17:00（入館時間～16:30）無休

漫步在富有情趣的門前町
參拜後的疲累也會一掃而空

在參拜完金刀比羅宮後散散步休息一下，或是在參拜前先順便填飽肚子
走在石板路參道上，突然發現的新店家、食物、傳統，心情也自然而然跟著平靜。

COMMENTED BY 高田ともみ WRITER

こんぴらもんぜんまち
金刀比羅門前町

是這樣
的地方

在金刀比羅樣的跟前
超過100間店家氣氛熱鬧

琴平因為身為金刀比羅宮門前町，自古以來就相當繁榮。參道上有好幾家伴手禮老店及餐飲店並排著，可以在這別有一番風情的街上散散步。石階梯旁重新開幕的香川・金刀比羅觀光服務處中，還可以租借自行車，一小時100日圓～。

☎0877-75-3500（香川・金刀比羅觀光服務處）
🗺附錄正面③C3 🏠琴平町811 🚉JR琴平站步行10分 🕙10:00～18:00（自行車租借服務～17:00）🅿無

Ⓑ 灸まん本舗石段や

←往JR琴平站

Ⓐ 金稜の郷

きんりょうのさと
金稜の郷 Ⓐ

販售被金刀比羅宮選為御神酒的名酒金陵等商品，是家創業於寬政元年（1789）的老店。免費開放聳立著大樟樹的中庭「樟樹廣場」。希望大家可以一起參觀運用酒窖做成的資料館。

1 受女性歡迎的柚子酒500ml（1580日圓） 2 使用讚岐的酒米・よいまい製成的純米吟釀さぬきよいまい720ml（1836日圓） 3 資料館中介紹釀酒的流程以及歷史

☎0877-73-4133 🗺附錄正面③C3 🏠琴平町623 🚉JR琴平站步行8分 💰免費入園 🕙9:00～16:00（週六、日、假日～18:00）🅿無

きゅうまんほんぽいしだんや
灸まん本舗石段や Ⓑ

金刀比羅名產的代表物，灸まん（灸饅頭），由來是這家店過去曾提供前來休憩的旅客針灸的服務，因而製作了與其有關的點心。在別有風情的店內，還有休息空間可以讓你品嘗灸饅頭加上飲料的套餐。

1 薄薄外皮包裹黃色內餡，微甜的灸饅頭，搭配咖啡的套餐為400日圓

☎0877-75-3220
🗺附錄正面③C3 🏠琴平町798 🚉JR琴平站步行10分 🕙8:00～17:30 休無休 🪑30 🅿無

なかのやことひら
ナカノヤ琴平

一樓是伴手禮商店，二樓是手打烏龍麵教室。希望大家務必嘗試看看可以在店內買到的當地霜淇淋。加上香川的傳統點心‧おいり(Oiri)，外表非常可愛的お嫁入りおいりソフト（新嫁娘霜淇淋）可是非常受歡迎呢。

1 新嫁娘霜淇淋（350日圓）的酥脆口感非常棒 2 可以自行切成喜愛的粗細享用的讚岐卷軸烏龍麵（5人份，附醬汁）860日圓

☎0877-75-0001
ＭＡＰ 附錄正面③C3 🏠琴平町796 ‼JR琴平站步行10分 🕐8:30〜18:00 🈺無休 🅿100輛

よはくにーろく
YOHAKu26

色彩繽紛的門簾相當引人注目，位於參道第26階的新感覺複合品牌店。販售著創作者和專業師傅攜手合作所創作的，富含個性的原創商品。限期舉行的展示會及工作坊也非常有魅力。

1 為了紀念第30屆金刀比羅歌舞伎舉辦而製作的金比羅歌舞伎和片（Wappen）（785日圓） 2 以舟々せんべい（舟舟仙貝）為原型所製作的Colorful8nch耳環（3510日圓）

☎0877-73-0377
ＭＡＰ 附錄正面③C3 🏠琴平町948-2 ‼JR琴平站步行15分 🕐13:00〜17:00左右 🈺週二〜週四(逢假日則營業)🅿無

Ⓒ ナカノヤ琴平

Ⓔ 舊金毘羅
大劇場
（金丸座）

往金刀比羅宮→

Ⓓ YOHAKu26

きゅうこんぴらおおしばい（かなまるざ）
舊金毘羅大劇場（金丸座）

建於天保6年（1835），為現存最為古老的劇場小屋。館內完整保留江戶時代的氣氛，日本政府於昭和45年（1970）指定其為國家重要文化財。昭和47年（1972）起耗費4年，遷移至現在所在地。在公演以外的時間，也可以參觀觀眾席到後台等各個角落。像是朝向觀眾席灑下花吹雪，被稱為葡萄藤架的天井，以及現在依舊靠人力運作的奈落等，有非常多可看之處。

1 灑落自然光的葡萄藤架 2 每年春天都會舉辦「四國金比羅歌舞伎大劇場」 3 取代演員角色介紹的顏見世提燈非常華麗

☎0877-73-3846 ＭＡＰ 附錄正面③C4
🏠琴平町1241 ‼JR琴平站步行20分
🎫門票500日圓 🕐9:00〜17:00 🈺無休(有公演時不能參觀) 🅿無

要從哪裡看？
往有讓人超感動的景色等著我們的瀨戶大橋去吧

這「如畫般的橋樑」若只是經過就太可惜。想要逛遍瀨戶內海就不能錯過這個，
為了讓大家能更深入享受瀨戶大橋，在此介紹景點以及場景。

COMMENTED BY へんみけいこ WRITER

雙層結構，上層是4線道的公路，下層是鐵路

せとおおはし
瀨戶大橋

是這樣
的場所

連接四國與本州
瀨戶內海上的標誌

通過瀨戶內海這優美的多島海正中央，連結岡山縣倉敷市與香川縣坂出市。路徑總長為公路部分37.3km，鐵路部分32.4km，而架在海峽上方，長9.4km的6座大橋總稱為瀨戶大橋。世界最大的橋樑相互連結的畫面相當壯觀。

☎0877-45-5511(本州四國連通高速公路　坂出管理中心)
MAP 附錄正面①A1

了解後再欣賞會更有趣

せとおおはしきねんこうえん
瀨戶大橋紀念公園

位於大橋附近公園內的瀨戶大橋紀念館中，展示著瀨戶大橋的模型與相關影像。有相關知識之後，肯定能從不同角度觀察大橋。

☎0877-45-2344
(瀨戶大橋紀念館)
MAP 附錄正面①A2　坂出市番の州綠町6-13
從JR坂出站搭乘往賴居町竹浦方向市營巴士17分，在瀨戶大橋紀念公園站下車即到
園內自由(紀念館9:00～17:00)
紀念館週一公休(逢假日則翌日休，黃金週、暑假期間無休)
免費入園、入館　P450輛

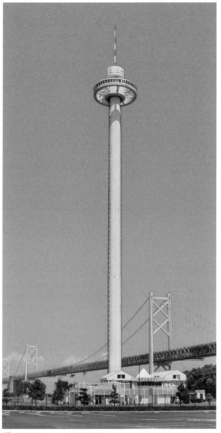

B 同時欣賞藝術與大橋

收藏、展示風景畫巨匠、東山魁夷的版畫作品等藝術作品。從咖啡廳一整面玻璃幃幕看出去的瀨戶大橋的風景，擷取畫面後也如同一幅畫一般

C 近距離欣賞大橋

休息站位於瀨戶大橋（瀨戶中央自動車道）途中的與島上。可以看見列車通過大橋上的景象，也是非常受歡迎的賞景地點，特別是夕陽非常美

D 站在沙彌島上看看

站在從陸地一路往外延伸、填海造地出來的沙彌島的海邊，邊用身體感受浪潮聲、海潮味、海風，抬頭仰望瀨戶大橋，會感覺到大橋比平常還要來得雄偉

A 從離地108m環視地面

瀨戶大橋紀念公園旁的展望塔，展望室會慢慢旋轉、上升，在最高地點可以看見到岡山那頭的整個瀨戶大橋

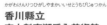

せとおおはしたわー
瀨戶大橋TOWER

☎0877-45-8791
MAP 附錄正面①A1 ▲坂出市番の州緑町6-6 ¶從JR坂出站搭乘往賴居町竹浦方向市營巴士18分，在東山魁夷せとうち美術館站下車，步行5分 ￥800日圓 ●9:00～17:00 休無休 P30輛

かがわけんりつひがしやまかいいせとうちびじゅつかん
香川縣立
東山魁夷瀨戶內美術館

☎0877-44-1333
MAP 附錄正面①A2 ▲坂出市沙弥島字南通224-13 ¶東山魁夷せとうち美術館巴士站下車即到 ￥門票300日圓（春、秋特別展覽展出期間價格不同）●9:00～17:00 休週一（逢假日則翌日休，黃金週、暑假期間無休，可能會臨時休館）P可利用瀨戶大橋紀念公園西停車場300輛

よしまぱーきんぐえりあ
與島休息站

☎0877-43-0502
MAP 附錄正面①A1 ▲坂出市与島町字西方587 ¶坂出IC車程10分 ●餐飲店、商店8:00～21:00（營業時間可能因淡旺、設施而有所不同）休無休 P398輛

しゃみじま
沙彌島

☎0877-44-5015（坂出市產業課にぎわい室）
MAP 附錄正面①A2 ▲坂出市沙弥島 ¶從JR坂出站搭乘往賴居町竹浦方向市營巴士15分，沙弥島万葉会館站下車即到（至オソゴエの浜需步行10分）￥休自由散步 P50輛

早起的鳥兒有蟲吃！
在栗林公園品嚐早晨的粥品＆散步一下吧

特別提早起床前往的是，包圍在寂靜之中，四國唯一的特別名勝‧栗林公園。
邊眺望著庭園風光邊品嚐早餐粥品，然後散散步、買東西，真是個幸福一天的開始。

COMMENTED BY 長山歩 EDITOR

園內最大的亮點·南湖，也可以
在這乘船遊湖（乘船費用610日
圓）

―――――――（ 高松市區 ）

とくべつめいしょうりつりんこうえん
特別名勝 栗林公園

高松的代表觀光景點
四國唯一的特別名勝

江戶時代由松平家歷代藩主耗費100年歲月
培植出來的庭園。雖地處高松市的市中心，
卻能聽見小鳥鳴唱，是個風光明媚的景點。
6個池子與13座假山各配置在絕妙位置上
的池泉回遊式大名庭園，以其連小角落都是
經過細心計算的美為榮，能夠感受到四季各
有不同的趣味。早晨即可入內參觀，所以也
很容易規劃旅遊行程。

參觀時間約
120分

☎087-833-7411
MAP 附錄正面②B4
🏠 高松市 栗林町1-20-
16 🚃 琴電栗林公園站步
行10分
🕐 7:00～17:00（有季節
性差異）🈵 無休
🅿62輛（25分100日圓）

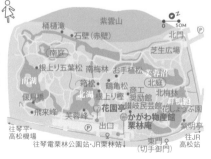

GOOD SPOT

散步途中繞過去看看

はなぞのてい
花園亭

花園亭是園內茶店裡唯一提供早餐的店家。可以邊享用不會造成身體負擔的粥品，邊眺望尚被晨霧遮掩的北湖，度過一段優雅的時光。有早餐粥（1300日圓）與使用稀有高價的碁石茶煮成的碁石茶粥（1620日圓）2種，若要吃2份以上要事先預約。

☎087-831-5255　MAP附錄正面②B4
🕐8：00～18：00（茶店營業時間有事前預約則為7:00開始，最晚可延長到21:00。但早餐粥只供應到10:00為止）🈺無休　🈵50

1 從泛花亭可看見的北湖景色，這是預約了早餐的人才能享受到的特典　2 搭配季節食材，口味溫潤的早餐粥　3 佇立在北湖旁的別院茶屋，泛花亭　4 花園亭的老闆，大谷女士

かがわぶっさんかん りつりんあん
かがわ物産館 栗林庵

位於栗林公園東門入口旁，販售香川縣產品的特產直銷商店。從女性視點選出了許多代表香川縣的傳統工藝品及受歡迎的點心等，商品種類眾多。店內的檜木香氣會讓人很放鬆，點心、食品及傳統工藝品一字擺開，栗林庵原創商品也不能錯過。

☎087-812-3155　MAP附錄正面②B4
🕐9:00～17:00（閉館時間以栗林公園關園時間為準）
🈺無休

1 咖啡歐蕾濃縮液（600ml約17杯）1300日圓。在這自家烘培店所製作的濃縮咖啡中加入牛奶馬上變身為咖啡歐蕾　2 單身貴族也會很開心，一球個別包裝的栗林庵原創讚岐烏龍麵（216日圓）。一組內也包含沾醬　　3 堅持使用香川縣產材料的餅乾，栗林公園オリジナルつまんでみいまい（4種口味一組1188日圓）。有煎茶、醬油等4種口味　4 書籤扇子（324日圓），放進包包裡一點也不占空間的萬川扇子，也能當作書籤使用

GOURMET GUIDE

到翻新過後的倉庫街「北濱alley」中
想一探究竟的咖啡廳與餐廳去

將位於海邊的倉庫群翻新改修後的複合商業設施・北濱alley。
從咖啡廳、雜貨店及餐廳等等充滿個性的商店中,精選出4家店來介紹給大家。

COMMENTED BY 石川恭子 WRITER

北濱alley的
GOOD SPOT①

うみえ
umie

從設計事務所發展成一間咖啡廳。
獨創且讓人放鬆的空間

這家咖啡廳裡有許多自稱為 "umie fan" 的藝術家。
乍看之下毫無一致性,卻出乎意料之外地讓人感到統
一感的沙發與桌子,各種領域的書籍等,這讓人放鬆
的氛圍就是受歡迎的理由。除了牛肉燴飯套餐(1200
日圓)及比薩(各1000日圓)等餐點
外,也有許多甜點與飲料。

1 將原本是設計事務
所會議室的空間改建
成咖啡廳 2 眼前一
片壯闊海景的窗邊位
置非常搶手 3 懷舊
甜味的豆腐甜甜圈1
個150日圓

SHOP DATA

☎087-811-7455 ᴹᴬᴾ附錄正面②C2
🏠高松市北浜町3-2北浜alley-h 🚃JR高松
站步行10分 🕐11:00～23:00(週六
10:00～,週日、假日10:00～21:00) 週
三 ᴾ40 ᴾ60輛(與北濱alley共用)

HAVE A NICE TIME

1
以「海邊的音樂會」為題，不定期會舉辦各種領域的演唱會

2
推薦飲品，焦糖奇諾（580日圓），淡淡的甜味相當撫慰人心

3
午餐點個蕈菇貝果三明治（630日圓）等餐點也很棒

4
咖啡廳四處擺著各種領域的書籍，就算是一個人也能相當放鬆

1 法式鹹派菜單每天更換，約有10種。還有「麻婆豆腐」等驚人的口味登場　2 甜點有可麗露1個250日圓及季節性推出的塔類等　3 也可內用。配料豐富的湯品在冬天也相當受歡迎

北濱alley的
GOOD SPOT②

つまむ
206（TSUMAMU）

所有餐點皆可外帶
品嘗種類眾多的法式鹹派吧

超受歡迎的咖啡廳翻新成法式鹹派專賣店。主廚遠赴法國學成的道地蛋奶液非常滑順，外側的派皮則相當酥脆。法式洛林鹹派等每日更換的菜單全為500日圓，還有附上小菜與湯品的鹹派套餐（800日圓）。

☎087-811-5212
MAP 附錄正面②C2　🏠高松市北浜町4-14　🚶JR高松站步行10分
🕐11:00～19:00（售完打烊）
🈺週四，也可能臨時休息　🈳25
🅿60輛（與北濱alley共用）

SHOP DATA

1 超受歡迎的鬆餅（510日圓）（飲料另計），抹上滿滿的奶油及蜂蜜

北濱alley的
GOOD SPOT③

でざいんらぼらとりーあお
デザインラボラトリー蒼

透過物品、活動、工作坊等活動向大家介紹設計的有趣之處。在一旁的咖啡廳可以品嘗滿福三明治（680日圓）及蔬菜與水果的冰淇淋（各390日圓）等，許多好吃且很健康的餐點。

☎087-813-0204 MAP附錄正面②C2
🏠高松市北浜町5-5大運組ビル5F 🚉JR高松站步行12分 🕐13:00〜22:00（週日、假日〜18:00）休週二 席15 P60輛（與北濱alley共用）

北濱alley的
GOOD SPOT④

くろふねや
黑船屋

沉浸在爵士樂或藍調音樂的世界中，品嘗墨西哥夾餅（700日圓）及墨西哥玉米片（400日圓）等墨西哥料理，與雞尾酒（700日圓〜）等，能悠閒享受的一家店。吧檯座位可眺望到的夜晚海景也別有一番氣氛。

☎087-826-3636 MAP附錄正面②C2
🏠高松市北浜町3-2 🚉JR高松站步行10分
🕐18:00〜翌日2:00 休週一（假日、假日前一天營業）席40 P60輛（與北濱alley共用）

1 店內像是在閣樓一樣，讓人非常放鬆 2 黑船屋塔可飯（850日圓），麻辣口感讓人上癮

再走遠一點到NY GALLERY去

1 每個季節的美麗花朵在店門前迎接客人 2 懷石午餐（1250日圓）。有主菜、每日更換的小菜一道、沙拉、湯品、抹茶、甜點

かふぇすたいるはづき
Cafe Style Hazuki

這是一家位於與北濱alley相同，翻新舊倉庫而成的北濱NY GALLERY裡的咖啡廳。除了義大利麵午餐（1250日圓）、咖哩飯午餐（1000日圓）、懷石午餐以外，也能品茗。開放的空間讓人感到很舒服。

☎087-811-4530 MAP附錄正面②C2
🏠高松市北浜町12-7NY GALLERY 🚉JR高松站步行12分 🕐11:00〜16:00（午餐〜15:00）、18:00〜22:00 休週二 席90 P15輛

開放感讓人忘卻日常生活
來到讓身心感到愉悅的海邊咖啡廳

平靜的瀨戶內海的景色，讓人感覺時間像是停止流動一般。
在能看到一望無際海景的咖啡廳稍作休息，心靈也會跟著變得清澈。

COMMENTED BY 谷本小百合 WRITER

(琴平周邊)

かふぇ ど ふろ

cafe de flots

立處於海平面與視線等高的奢侈之地
品嘗連活力也一併補足的正統料理

位於莊內半島的根部，可看見美麗夕陽的海岸線旁咖啡廳。
窗邊的位子不用說，沙發座位與吧檯座位也各異奇趣，各有
其超凡的舒適感。料理、甜點與卡布奇諾，不管是哪一樣皆
非常正統。使用仁尾產的檸檬做成的檸檬水
（500日圓）等，請品嘗當地大地的恩
惠。若有預約的話晚上也會營業。

SHOP DATA

1 漢堡排搭配多蜜醬
（1050日圓）等午
餐餐點只提供至
14:00為止。夕陽時
分別有一番氣氛（晚
餐需預約）　2 會讓
人想一直待在這裡的
沙發座位　3 使用仁
尾產的檸檬所製作出
的檸檬氣泡水（550
日圓）

☎0875-82-4525　MAP附錄背面⑨A7
🏠三豐市仁尾町仁尾乙165-1　🚉JR詫間車站車
程15分　🕐11:00～16:00(週六、日、假日～
18:00)　休週四　📵23　Ⓟ6輛

（ 琴平周邊 ）

かふぇ ふうしゃのおか

cafe 風車の丘

位於高台上的露臺座位區，是能將瀨戶內海的多島美映入眼簾的特等座位。整天皆有提供的鬆軟帕尼尼（飲料費用＋550日圓～）種類非常豐富。搭配受到女性歡迎的酪梨優酪乳（600日圓）或新鮮香草茶，邊感受著風的吹拂，度過一段悠閒的時光。

☎0877-32-0368
MAP 附錄背面⑨B6
🏠多度津町東白方864-1　❗JR多度津站車程10分
🕗8:30～日落　🈳週四、每月第3週五　🈺39　🅿15輛

1 鹽烤鯖魚的帕尼尼套餐（飲料費用＋800日圓），又甜又鹹的口味會讓人上癮　2 露臺座位區，眼下所見的樹林與大海會撫慰你的心靈　3 店內則是由溫暖的木頭所創造出來的空間

（ 高松市區 ）

ありす いん たかまつ ばい くいーん ありす

ALICE IN TAKAMATSU by QUEEN ALICE

位於距地面151m，擁有絕美景色的餐廳。這間餐廳為香川縣認定的「Sanuki Dining」，可在這裡享用使用香川縣產食材所製成的法國料理。特別是不貴的午餐「レジョナル（Regional）」（1600日圓‧每天限量20份）非常受歡迎。

1

☎087-823-6088　MAP 附錄正面②B2　🏠高松市サンポート2-1マリタイムプラザ高松タワー棟30F　❗JR高松站即到　🕗咖啡廳11:00～17:00　午餐11:30～15:00（14:00LO）　晚餐17:30～22:30（20:30LO）　🈳無休　🈺102　🅿TAKAMATSU Symboltower地下停車場918輛

1 咖啡時段可以享用使用當地產的水果做成的季節甜點套餐（1080日圓）
2 位於四國第一高樓頂樓的高級空間　3 Regional重現出地中海沿岸的法國鄉村料理　4 外表也非常華麗

身心皆受到撫慰
想專程前往的綠意中的咖啡廳

就算遠離旅行的目的地，就算會稍微繞遠路…。想再多走幾步路，專程繞過去的特別咖啡廳裡，大大地深呼吸。那裡的時間彷彿流逝得特別緩慢。

COMMENTED BY 高田ともみ WRITER

丸龜・坂出周邊

きとくらすかふぇ
KITOKURAS.CAFE

在喜歡的場所
享受森林中的野餐

傳承三代的地方木材行「山一木材」所開設的開啡廳，真的位於"森林中"。酥脆果實蛋糕（300日圓）與無農藥果汁（500日圓）等，嚴選對身體很好的美味食材製作，可以在設施內喜歡的地方享用餐點及茶品，也推薦大家可以到附設的藝廊與圖書館看看。

1 與森林相當協調的建築及家具也深具魅力 2 點個熱賣的彈牙貝果套餐（850日圓）當午餐，裝進店家提供借用的提籃內，到森林裡去吧 3 中庭裡也有遊樂器材

☎0877-86-5331 MAP 附錄正面①B3
🏠丸龜市綾歌町栗熊東3600-5
🍴JR丸龜站車程15分 🕙10:00～17:00
㊡週四
🪑20 🅿40輛

SHOP DATA

(琴平周邊)

かふぇあんどれすとらんかみつばき

カフェ&レストラン神椿

讓你忘卻參拜的疲累
神社樹林中的綠洲

由資生堂 Parlour所營運，位於金刀比羅宮境內的
自助式咖啡廳。大量使用季節性食材與水果所製作
的季節限定甜點種類豐富。想要悠閒享用餐點的話
就到樓下的餐廳去。火腿牛肉餅（1750日圓）、
牛肉燴飯（1750日圓）等傳統料理也非
常好吃。

☎0877-73-0202　MAP 附錄背面③B4
🏠琴平町892-1　🚶JR琴平站步行30分
○咖啡廳🕘9:00~17:00　🈚無休
○餐廳🕘11:30~14:00、17:00~21:00（僅
晚餐需在前一天15:00前預約）　🈺週一晚上
🈺60　🅿30輛

SHOP DATA

1 從露臺座位看出去
的風景超美，從店內
也可以透過大片的窗
戶看見樹林　2 入口
處的陶板上畫了一整
面的藪椿花　3 銷售
No.1的神椿聖代900
日圓

GOURMET GUIDE

稍微精通美食的都知道
中午吃烏龍麵、晚上要吃帶骨雞肉

帶骨的雞腿肉用香料確實入味之後，爽快地連香料一起燒烤而成的「帶骨雞肉」。
是讚岐夜晚的標準菜單，酒會不知不覺一杯接一杯喝。

COMMENTED BY 長山步 WRITER

1 油封帶骨雞肉（850日圓） **2** 店內擺設讓女性單獨一人也能輕鬆步入 **3** 燉牛肉（1200日圓）（晚餐限定）

(高松市區)

きっちんまま
キッチンMaMa

深愛洋食的主廚所做的油封帶骨雞肉，是毫不吝惜、費時費工的美味料理。用低溫油慢慢油炸，再用烤箱烤到酥脆，是晚上才能享用的餐點。輕易就能將肉撕開，軟嫩到用筷子就能享用，請務必與葡萄酒一道品嘗。

☎087-821-1991 MAP 附錄正面②C3 🏠高松市福田町12-10 🍴琴電瓦町站步行3分 🕚11:45〜14:00、18:00〜23:00（週日、假日18:00〜23:00） 🈺週一（逢假日則翌日休） 🈹15 🅿無

(高松市區)

はねつきどりよりどりみどり
骨付鳥寄鳥味鳥

在這家帶骨雞肉專賣店老店可品嘗到的帶骨雞肉，是與啤酒絕配的香辣口感。在接到點單之後，用專用的烤箱仔細烤上20分鐘，在雞肉最為鮮嫩多汁、最好吃的狀態下品嘗。與帶骨雞肉絕配的單點料理也非常推薦。

☎087-822-8247 MAP 附錄正面②B2 🏠高松市兵庫町1-24木村屋ビル2F 🍴JR高松站步行10分 🕚17:00〜22:30 🈺週六（逢連假則於連假最後一天休息） 🈹62 🅿無

1 香辣的帶骨雞肉（母雞）（880日圓） **2** 醋漬雞皮（450日圓），軟嫩有彈力的口感讓人上癮

いたりあん びすとろ ひらい

Italian Bistro Hirai

如果想吃義大利風味的帶骨雞肉就要到這
家店，用柚子胡椒與獨家調配的香辛料入
味，接著再用烤箱仔細烘烤的烤柚子胡椒
帶骨雞肉，請搭配現擠檸檬的清爽香氣一
起享用。

☎087-811-4788　MAP附錄正面②B2
🏠高松市丸龜町6-6　🍴琴電瓦町站步行7分
🕐17:00～24:00(週日、假日～23:00)　❌無休
💺約100　🅿無

1 烤柚子胡椒帶骨雞肉1280日圓　2 讓人想在成熟的空間
中品嘗一杯葡萄酒（630日圓～）

1 地方產的日本酒
與燒酎種類豐富
2 可以享受炭火燒
烤後口感酥脆的帶
骨雞肉（雛雞）
（1080日圓）

(高松市區)

やきとりいざかやややはぎ

燒き鳥居酒屋やはぎ

當地生產雞肉&魚類菜單豐富的居酒屋。
在如家一般的店裡品嘗的帶骨雞肉，沒有
過多調味，能夠品嘗到當地產雞肉的濃郁
美味。雞肉使用備長炭燒烤到焦香酥脆，
隨餐附上豐富的蔬菜。

☎087-822-6956　MAP附錄正面②C2
🏠高松市御坊町4-14橫田ビル1F　🍴琴電瓦町站步
行8分　🕐17:00～24:00　❌週一　💺37　🅿無

(高松市區)

らんまる

蘭丸

這是家大排長龍的帶骨雞肉專賣店。塗抹
上店家自製的醬料後，最後淋上雞油，將
表面烤得酥脆。外層酥脆、內層多汁的雞
腿肉，爽快地大口咬下最對味。

☎087-821-8405　MAP附錄正面②C2
🏠高松市大工町7-4　🍴琴電片原町站步行7分
🕐18:00～翌日1:00　❌不定期休息(一年2～3次)
💺40　🅿無

1 滴落雞油的軟嫩
帶骨雞肉（雛雞）
（880日圓）　2
隨季節改變內容的
生魚片綜合盤
（1200日圓～）

GOURMET GUIDE

清爽的油脂。橄欖的恩惠
享用2大名牌食材吧！

餵食橄欖健康成長的 "橄欖幼鰤魚" 與 "橄欖牛"
明明油脂豐富，但卻非常清爽，也不會造成腸胃負擔，是受女性喜愛的健康食材。

COMMENTED BY 長山歩 WRITER

(高松市區)

さぬきのだいちとうみ　せとうちせんぎょりょうりてん
さぬきの大地と海　瀬戸内鮮魚料理店

在這家店裡能品嘗到產自瀬戶內海的新鮮魚產。限定於9月中旬～1月左右登場的橄欖幼鰤魚，除了必點的生魚片（750日圓）之外，也可以品嘗在加入柚子香氣提味的蘿蔔泥高湯中涮燙，能和當地產蔬菜一同享用的蘿蔔泥涮涮鍋等，充滿主廚巧思的獨創菜單。

☎ 087-823-0887　[MAP]附錄正面②B2
🏠高松市鍛冶屋町4-21ワンフットビル1F奥
🚃琴電瓦町站步行7分　🕐17:30～23:30LO　🈭週日、假日
🪑30　Ⓟ無

1 橄欖幼鰤魚的蘿蔔泥涮涮鍋（一人份1200日圓～）
非常好吃　2 店內氣氛讓人非常放鬆　3 生拌橄欖幼鰤
魚（800日圓）

橄欖幼鰤魚是什麼呢

是用香川縣產橄欖葉的粉末為飼料的養殖幼鰤魚，是只限於9月中旬～1月左右的期間內能品嘗的食材

(高松市區)

みちのえきげんぺいのさとむれ　かいせんしょくどうじゃこや
道の駅 源平の里むれ　海鮮食堂じゃこや

這間位於公路休息站內的食堂，午餐時刻總會大排長龍。因為是可自由選擇使用新鮮魚產製作而成的單點料理的自助形式，所以能盡情享用喜歡的魚類。很受歡迎的醃漬幼鰤魚蓋飯，在9月中旬～1月上旬的限定期間內會改成橄欖幼鰤魚，大口品嘗這高級的美味油脂。

☎ 087-845-6080　[MAP]附錄背面⑨E5
🏠高松市牟礼町原631-7　🚃琴電瓦町站轉乘志度線
27分，在鹽屋站下車步行5分　🕐11:00～14:00（週
六、日、假日～15:00）　🈭無休（可能臨時休息）
🪑97　Ⓟ47輛（與公路休息站共用）

1 最受歡迎的醃漬幼鰤魚蓋飯（中）702日圓　2 添加稀
有糖的甜味劑所做成的烤山椒幼鰤魚鰭肉（432日圓）
3 店內空間寬廣。靠近志度灣，景色也十分優美

(高松市區)

いたりありょうり　あくあふぉんて
義大利料理 Acquafonte

佇立於住宅區內，受女性歡迎且平易近人的義大利理店。可以在此品嘗到使用大量當地農家提供的新鮮蔬菜、色彩漂亮的全套餐點。炙燒橄欖牛臀部肉能充分品嘗到肉的香甜與入口即化的口感，可以單點，是相當受歡迎的一道菜。

☎087-861-2755 **MAP** 附錄正面①C2
🏠高松市新北町10-20 🚃JR高松站轉乘琴電巴士市內環狀巴士12分，在新北町站下車步行3分 🕚11:30〜14:30、18:00〜21:00LO 🈲週三、每月第1、第3週二 🪑28 🅿10輛

橄欖牛是什麼呢

高級黑毛和牛的一種，其食用的特別飼料裡，加進了產自小豆島的橄欖榨油後的殘渣

1 可以充分品嘗到肉的香甜與軟嫩的炙燒橄欖牛臀部肉（3200日圓）　2 使用伊吹島產的小魚乾製成的バーニャ ノリダ（義式熱沾醬）（1000日圓）　3 店內明亮且擺設高雅

(高松市區)

あみーごもりさき
アミーゴ森崎

位於購物商場內，由肉品專賣老店直營的漢堡排＆牛排專賣店。店裡提供橄欖牛150g的厚牛排，入口即化的紅肉部分與清爽的帶脂肉達到絕妙的平衡。牛肉盛裝在燙熱鐵板上送上桌，請與不斷滴落的肉汁一起享用。

☎087-811-2009 **MAP** 附錄正面②B2
🏠高松市丸龜町7-16丸亀町グリーン東館2F 🚃琴電瓦町站步行8分 🕚11:00〜22:00 🈲無休 🪑30 🅿無

1 能夠直接品嘗到橄欖牛原本的美味，讚岐和牛橄欖牛排（150g）（1790日圓〜）　2 雙層切達起司漢堡排（910日圓〜）　3 美式風格的店內擺設

GOURMET GUIDE

當地女孩大力推薦
提供讚岐美食富有風流雅趣的居酒屋

在想放鬆一下時想遇見的店家、想見到的人，為一天畫下句點。
與美酒一起享用擁有豐富海味・山珍的讚岐美食吧。

COMMENTED BY **本条あゆみ** EDITOR

(高松市區)

れんげりょうりてん
レンゲ料理店

秉持"提供對身體有益的食物給顧客"的理念，
不只對使用的素材相當堅持，連調味料也是使
用有機產品。可以感受木工創作家親手製作的
木頭溫度，是屬於大人的創作料理店。以牛尾
蘿蔔湯為首，希望大家能邊品味每道細心製作
的料理，邊享用美酒。

☎087-862-5611 **MAP** 附錄正面②B3
🏠高松市田町1-11 TSビル1F 🚃琴電瓦町站步行5分
🕐17:30～24:00左右 🈺週一 🪑25 🅿無

1 口感滑順的起司豆腐(650日圓)(圖片內側)與其他 2
濃稠的牛尾蘿蔔湯(1180日圓) 3 牆壁、椅子、地
板，每個角落都能感受到店家誠心款待的心意

(高松市區)

とりちょう
鳥長

可以品嘗使用香川縣產當地品種「瀨戶赤雞」
做成的串燒及生雞肉的人氣名店。食材、炭、
醬汁、鹽，不管哪一樣都是高級品。請品嘗看
看招牌的帶骨烤雞肉、將白雞肝烤到5分熟的
「烤雞肝特別饗」。最後一定要以使用美味高
湯做成的「雞湯茶泡飯」（450日圓）做結尾。

☎087-823-2232 **MAP** 附錄正面②B2
🏠高松市鍛冶屋町4-14 🚃琴電瓦町站步行10分
🕐17:30～23:00LO 🈺週日 🪑40 🅿無

1 烤雞肝特別饗400日圓（圖片右邊內側）與其他 2
帶骨雞肉（瀨戶赤雞）（1400日圓） 3 也有許多女
孩單獨一人來喝酒

(高松市區)

ばばだいにんぐ

baba dining

基於「不標新立異、珍惜食材」的想法，他們提供的創作料理，是使用每天早上去市場嚴選的天然漁產及自家栽種的蔬菜、稻米製作。用食用辣油調味的花枝泡菜及豬肉等製成的「キムラさん」（600日圓），與其名稱相反是非常時髦的生春捲。請搭配葡萄酒或馬格利酒一起享用。

☎070-5358-3693　MAP附錄正面②C3
🏠高松市瓦町2-12-5ブルーメンビルⅡ2F　🚻琴電瓦町站步行3分　🕒18:00～24:00　🚫週日　座34
🅿無

1　橄欖油蒜味天使蝦（800日圓）及其他　2　熟客的共通語就是「總之先來一盤キムラさん」　3　魚造型標誌的招牌是其標記

(高松市區)

ここん

古今

從店裡的水槽現撈、現宰鮮魚的活魚料理店，也會為你選擇適合當季魚產的美酒，無論哪個季節到訪都能品嘗到高品味的美味料理，明亮且高品味的氣氛深受成熟女性好評。請務必坐在可以就近欣賞主廚精湛刀法的吧檯座位上。預算約為5000日圓。

☎087-823-3702　MAP附錄正面②C3
🏠高松市瓦町1-3-14井上ビル1F　🚻琴電瓦町站步行5分　🕒17:30～24:00　🚫週一　座28　🅿無

1　水槽裡有季節魚產及伊勢龍蝦游動。春天時店家會擺放大瀧六線魚與日本馬加鰆（時價）　2　典雅和風的店內擺設　3　各地名酒種類齊全。1合800日圓～

GOURMET GUIDE

能大飽口福，魅惑人心的店家
這裡有超適合大人的時髦酒吧

穿過入口之後，讓人有彷彿置身於歐洲的錯覺的時尚空間。
義式料理及法式料理，還有西班牙料理。各國料理等待你來品嘗。

COMMENTED BY　本条あゆみ　EDITOR

（高松市區）

うぃねりあ たゅーと

Vineria TAJUT

**在大人聚集的舒適空間中享用大廚
的細心手藝，位於小巷內的名店**

在北義大利鍛鍊5年半手藝的大廚，於杜林的餐廳擔任總廚，繼承自身招牌手藝，終於在2015年秋天實現開店的夢想。可在這家店裡享用使用當地食材所製作的季節性北義大利的鄉土料理及葡萄酒。不管哪道料理都相當美味，絕不會讓你失望。

☎087-880-2677　MAP 附錄正面
②B2　🏠高松市古新町2−1
🍴琴電片原町站步行10分
🕐18:00～翌日1:00　休週日、每月第3週一　席13　P無

SHOP DATA

1 義大利麵、燉飯、肉品料理等，料理大多1000日圓～　2 吧檯座位很多，單獨一人也能輕鬆步入的氣氛。咖啡1杯400日圓～　3 店家外觀讓人彷彿站於義大利街角　4 用店家自豪的切片機切出的生火腿絕頂美味

どっと きっちん あんどばー
dot.KITCHEN AND BAR

在骨董家具妝點出的懷舊摩登空間中度過一段專屬大人的時光。餐具統一使用北歐的品牌「iittala」，選用從歐洲進口的麵團烤出的麵包（300日圓～）、生火腿及起司，請與葡萄酒一起享用。

☎087-802-3352　MAP 附錄正面②B2
🏠高松市鍛冶屋町4-21ワンフットビル2F東　🍴琴電瓦町站步行10分　🕐17:30～翌日1:00　休週二　座25　P無

1 自然派葡萄酒（紅、白、氣泡）（500日圓～），當成夜間咖啡廳也很棒　2 外表也非常可愛的梅果克拉芙緹（600日圓）

ふれんちば-　さんじゃっく
French Bar St-Jacques

這是一家由女性老闆一手包辦，可以品嘗到法國家庭料理的店家，溫暖的氣氛讓人彷彿回到家裡一般。搭配法國風乾臘腸及自家製的肉醬等4種熟食肉綜合盤（2600日圓）乾杯吧。

☎087-831-3515　MAP 附錄正面②B3
🏠高松市龜井町9-17　🍴琴電瓦町站步行10分
🕐17:00～22:00LO（週六、週日、假日15:00～）
休週三、每月第1、第3週四　座8　P無

1 加入豐盛起司的洋蔥焗烤濃湯（小份900日圓），洋蔥的香甜在口中蔓延開來　2 坐在吧檯座位可以和老闆愉快對話

すぺいんりょうり たかまつ あまのがわ
西班牙料理 高松 天の川

因為想把西班牙料理的美味及老闆喜歡的店家氣氛傳達給故鄉的人知道，因而開了這家店。推薦第一次到訪的人點個能一口氣享用西班牙產火腿、橄欖油蒜味蝦、西班牙海鮮燉飯等料理的全餐料理（3300日圓），非常划算。

☎087-821-5507　MAP 附錄正面②C2
🏠高松市古馬場町13-17 エルパセオビル1F　🍴琴電瓦町站步行8分　🕐18:00～24:00　休週日、假日不一定　座25　P無 ※禁菸、不能使用信用卡

1 西班牙國旗是店家標誌　2 低溫慢慢烤熟的帶骨羔羊鐵板燒（1510日圓），剔除了多餘的脂肪之後，美味加倍

活用香川的職人手藝
想要的雜貨商品一應俱全的小店

香川漆器、高松張子與讚岐手鞠⋯細心的做工加上"可愛"的元素。
貼近故鄉‧香川的雜貨店所精選的雜貨，肯定讓你的每天更加多彩。

COMMENTED BY　石川恭子　WRITER

1 提供大家嶄新想法及使用方式的傳統工藝品
2 組手（Kude）筷架5個一組2160日圓。將木頭相互組合製作造型的「組手障子」的技術非常完美

（ 高松市區 ）

いくなすぎゃらりー

IKUNASg

可以遇見、親手接觸
讚岐好商品的場所

以 "享受讚岐時光" 為概念發行的雜誌《IKUNAS》所開設的店鋪，將香川的傳統工藝品以融入生活的設計再度詮釋，眾多商品分類擺設，一年大概會舉辦兩次配合地方調味料及雜誌特輯的企劃展覽。明明是來找伴手禮的，但無論哪項商品都想買下來自己用。

☎087-833-1361(tao,)　🗺附錄正面②C3
🏠高松市花園町2-1-8-2F　🚃琴電花園站步行3分
🕐12:00～18:00　🏖週一　🅿5輛

出眾的香川手工藝，「現在想要的」雜貨商品們

讚岐の手まり
（讚岐的手鞠）
圓周18cm 3880日圓～

從江戶時代傳承至今的讚岐手鞠，將與砂糖、鹽合稱為"讚岐三白"的木棉線，細心用草木染的技法上色製成。有多采多姿的花樣與色彩，可愛到想要擺在房間裡裝飾

保多織ふきん
（保多織手帕）
648日圓～

保多織代表著「能保存多年」＝擁有長年歲月的意思。從夏季悶熱、冬季容易乾燥的瀨戶內風土中誕生的織品手帕，是容易吸水、容易乾燥的優質商品

御塩
525日圓

由工匠親手製作的小豆島的鹽，在口中能感受到蓬鬆入口即化的口感，使用鐵製的窯製作，也會抑制導致苦味的鈣化結晶形成

カッティングボード
（砧板）
6800日圓～

從物品製作企畫「LUCCA LOOCA」中誕生的產品。使用小豆島的橄欖木，由家具工匠手工製作，是獨一無二的商品

奉公さん
（奉公人偶）
中1944日圓

以把自己侍奉的公主身上的疾病轉移到自身的少女「おマキ」為原型製作的奉公人偶，是高松孩子最具代表性的形狀。那身被認為有避邪作用的紅色和服非常引人注目。大的2700日圓、小的1296日圓

保多織エプロン
（保多織圍裙）
6720日圓～

保多織圍裙使用柔軟的布料製成，穿起來很舒服，只要穿過一次就無法換用其他品牌。每洗一次，布料所展現出的特色也會增加，越用就越能增加自己對圍裙的喜愛

トートバッグ 赤（托特包 紅色）
小6500日圓

由讚岐糊染工匠所製作，改良成現代女性「想擁有」的包包後所誕生的熱銷商品。包包底部很寬，所以可以放入很多東西，深具實用性。紅色點點非常鮮艷！

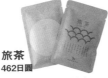

旅茶
462日圓

這個可以直接當成信件寄出的茶葉，使用的是香川縣高瀨町生產的茶葉，恰到好處的苦澀及滑順的甘甜非常有魅力。從旅行地寄出這清爽的香氣吧

漆器スタッキング
マグカップ（漆器堆疊馬克杯）
6156日圓

輕巧又堅固的香川漆器馬克杯。特別是可以堆疊收納，相當方便攜帶。從12款顏色中挑選讓每天的餐桌或野餐更為華麗的馬克杯吧

這裡擺滿了店主的堅持
探訪小而可愛的雜貨店

被喜歡的東西包圍著過生活，光是想像就覺得超棒的對吧。
集結了讓人心動的可愛設計及溫柔手工製作的雜貨商店就在香川。

COMMENTED BY 谷本小百合 WRITER

1 小小空間中擺放來自世界各地的
設計雜貨。也請務必到同棟2樓的
「民芸べちか」逛逛，販售能感受
到製作者溫暖的器皿 2 來自英國
的動物胸針，各2080日圓 3 法
國的牌子oelwein所製造的托盤，
用它讓餐桌更加熱鬧吧 4 也還有
充滿個性的文具商品

(高松市區)

さんりんしゃ
サンリンシャ

國內外生產的設計雜貨讓人興奮不已

曾經在美國與東京從事設計工作的男性老闆所開的
「精選出想使用之物」的設計雜貨專賣店。歐美風格
的流行雜貨及日本的木製玩具、當地創作者的作品
等，每樣物品都讓心雀躍不已！

☎087-873-2111　MAP 附錄正面②B2
🏠高松市鍛冶屋町4-9水田ビル1F
🚃琴電瓦町站步行10分
🕐11:30～19:30
休週三 P無

（高松市區）

さーど　たいむ　はなぞの

3rd TIME HANAZONO

由IKUNASg（→P70）企劃的咖啡廳「ごはんとぱん」、預約制二手書店・なタ書開設的新店舖「SETOUCHI BOOK HOTEL」、提案DIY的「BRE KURASU」等3家店同聚在一個空間中。

☎087-834-4170　MAP附錄正面②C3
🏠高松市花園町2-1-8-3F　🚃琴電花園站步行4分　休週一（逢假日則營業）　18　🅿8輛

1 土佐塩丸（650日圓）、特選橘子蜜（1080日圓）、鶴醬（1080日圓）等，也有販售四國的調味料　2 使用四國嚴選食材的咖啡廳　3 因獨特的商品而出眾的「SETOUCHI BOOK HOTEL」

（高松市區）

にしにし

NISHI NISHI

母女兩人一同經營，改建屋齡100年的古民家而成的雜貨店。創作者所做的器皿、衣物、包包等，有許多人深受這家店高雅的商品選擇所吸引。保多織的包巾3780日圓等，還有原創雜貨。

☎087-868-0405
MAP附錄正面②C4　🏠高松市伏石町1583　🚃琴電三条站步行4分　🕚11:00～18:00　休週三　🅿5輛

1 當地創作者製作的裂織包包1萬2960日圓～，還有不只質感舒服、也深具機能性的香川傳統工藝品。保多織的手帕（756日圓～）　2 都是讓日常生活更加舒適的衣服及小物品　3 價格合理讓人買得下手的創作商品

1 迷你小屋飾品（702日圓～），光是擺設就能讓整個空間擁有很棒的氣氛　2 能讓人感受到細膩做工的黃銅胸針（1944日圓～）　3 衣服、包包、鞋子等物品所使用的素材都很有堅持，外型簡單容易穿戴

（高松市區）

わたぐもしゃ

watagumo舍

精選留有手作溫暖、富有個性的創作者作品的展售商店。常態擺設30位以上創作者的作品，也會舉辦企劃展覽。衣服、飾品、繪畫、小東西等，有許多深具個性、獨一無二的商品。

☎080-3161-0140
MAP附錄正面②C3　🏠高松市花園町3-7-17　🚃琴電花園站步行6分　🕚11:00～18:00　休週三　🅿3輛

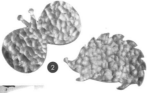

當地人也超愛 ♪
使用當地新鮮食材製成的甜點

使用和三盆糖與水果，精心努力製作而成的各式甜點們。

小心別吃太多…就算心裡這樣想，但這些甜點太可愛又好吃，忍不住就會伸手拿來吃。

COMMENTED BY 谷本小百合 WRITER

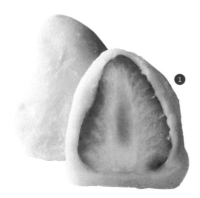

1 冬天～初夏登場的大顆草莓大福是たから的代名詞　2 夏季限定的剉冰（600日圓左右）也非常熱銷　3 因為外帶人數眾多，所以內用座位是不為人知的好地方

(高松市區)

ゆめかぼう たから
夢菓房 たから

受到高松人絕對信賴，大排長龍的和菓子店。由當地產的高品質水果製作而成，使用整顆草莓及奇異果的季節大福(200日圓左右～)，還有四季各有特色的和菓子，不管是哪個都很好吃。在入口處抽取號碼牌依序等候吧。

☎087-844-8801 MAP附錄正面①D2　🏠高松市春日町214 🚃琴電元山站車程5分　🕗8:30～19:00(2016年4月以後～18:30) 🈺週三 🪑15 🅿60輛

1 可以感受香川傳統的高級砂糖・和三盆的優雅香甜的和三盆手卷（1620日圓）　2 可以在店內享用，所以想稍作休息時相當便利　3 米粉かすてらもっちもち（彈牙米粉長崎蛋糕）（756日圓）裡包有大納言紅豆

(高松市區)

さぬきかしこうぼう おんまいるーヴ
さぬき菓子工房 おんまいルーヴ

「おんまい」就是讚岐腔裡點心的意思。店裡擺放著人氣甜點工房ルーヴ所製作的，超越和菓子・西點界線，不會造成身體負擔的甜點。絕不能錯過使用了和三盆的商品。

☎087-811-7557 MAP附錄正面②B2　🏠高松市丸龜町7-16丸龜町グリーン西館1F 🚃琴電瓦町站步行8分　🕗10:00～20:00 🈺無休 🅿21輛丸龜町グリーン停車場330輛

1 9種水果閃閃發亮的蔬果屋水果塔，一片454日圓　2 烤餅乾只是放進小袋子（60日圓）而已，就變身成可愛的伴手禮

（ 高松市區 ）

かにわしたるとてん
かにわしタルト店

原本任職於菜菜市場的老闆，在每天早上進貨精選的季節水果，店內擺滿了大量使用這些水果所製作的美麗水果塔。使用水果及當地生產的蔬菜・たべて菜（小松菜的一種）所製成的島遍路餅乾（每種各600日圓），買來當伴手禮也很棒。

☎087-897-6676
MAP附錄正面②D4　▲高松市木太町1559-15　♥琴電林道站步行4分
●10:00～19:30　休週二　P9輛

（ 高松市區 ）

ふらんすかしこうぼう ら·ふぁみーゆ たかまつほんてん
法國點心工房
La Famille 高松本店

用來做西點的濃郁雞蛋、蜂蜜、縣產小麥等，使用當地生產的優質食材，這家甜點工房非常珍惜香川獨特性。請品嘗瀨戶內檸檬蛋糕及五劍山年輪蛋糕、和三盆酥脆奶油薄餅（每種各648日圓）等甜點。

☎087-837-5535
MAP附錄正面②D3　▲高松市木太町2192　♥琴電林道站車程5分
●10:00～20:00　休無休
P23輛

1 使用引起話題的稀有糖甜味劑所製作的爽口檸檬蛋糕（1個216日圓）
2 以當地的山為雕形的五劍山年輪蛋糕（1條756日圓）

1 可愛的和三盆棒棒糖1根216日圓
2 香川的鄉土料理·醬油豆變身為乾醬油豆（918日圓）　3 非常有源平合戰之地·屋島風格的紅白源平雪球餅乾（2160日圓）

（ 高松市區 ）

りゅどらぱむ
Rue de la Pomme

隱身於高台住宅街裡的名店。充分發揮出精選食材優點的簡單甜點，一吃就可讓人感受到師傅製作的細心。雖然是完全預約制，但非常有特地前往的價值。部分商品也有在まちのシューレ963（→P12）中販售。

☎090-3180-6762
MAP附錄正面②F2　▲高松市屋島西町1138-67　♥琴電瀧元站車程5分　●10:00～17:00之間，完全預約制（營業時間外需要商量）　P4輛

GOOD
價格可愛＆安心的住宿指南
TO SLEEP

高松東急REIホテル
TAKAMATSU TOKYU REI HOTEL

是從高松機場出發的利木津巴士的停靠站之一，交通便利。JR高松站、高松港與再開發後的高松丸龜街商店街也在步行範圍內，是個便利的觀光據點。每個房間皆準備了席夢思床與丹普的低反彈枕。有免費Wi-Fi。

☎087-821-0109　MAP 附錄正面②B2
🏠高松市兵庫町9-9　🚃JR高松站步行7分　🕐IN15:00/OUT10:00
Ⓥ單人房7884日圓～、雙床房1萬6848日圓～　🅿40輛（1晚1080日圓）

リーガホテルゼスト高松
高松麗嘉酒店ZEST

Lady's Room聽取女性工作人員的建議設計而成，大受歡迎的人氣都會型飯店。還準備了礦泉水、香草茶、身體護膚組。西川製的彈簧雙人床與大型枕頭，讓人能好好放鬆。到高松丸龜街商店街只需步行5分鐘，位置良好。

1 Lady's Room 8078日圓～　2 贈送女性住宿者POLA AROMA ESS臉部4種保養品組

☎087-822-3555　MAP 附錄正面②B2
🏠高松市古新町9-1　🚃JR高松站步行10分　🕐IN15:00/OUT11:00　Ⓥ單人房8078日圓～、雙床房1萬6038日圓～　🅿40輛（1晚1100日圓）

ダイワロイネットホテル高松
Daiwa Roynet Hotel TAKAMATSU

Lady's Room的盥洗用品非常充足。餐廳「みーるマ～マ」的日西式自助式早餐（1030日圓～），蔬菜豐富且很健康，相當受歡迎。位於購物中心，丸龜町グリーン中，客房皆位於8樓以上，景色也很棒。停車場依先來後到順序停放。

1 Lady's Room（7500日圓～）中備有奈米離子美顏器、足部按摩機　2 也有奈米水離子吹風機

☎087-811-7855　MAP 附錄正面②B2
🏠高松市丸龜町8-23　🚃琴電瓦町站步行8分　🕐IN14:00/OUT11:00　Ⓥ單人房6500日圓～、雙床房1萬4000日圓～　🅿330輛（1晚1200日圓）

さぬきの湯ドーミーイン高松
高松Dormy Inn

位於頂樓（11樓）的附三溫暖的大浴場與露天浴池，能夠環視整個夜空。半自助式的早餐（600日圓）還準備了讚岐烏龍麵，免費提供Dormy Inn著名餐點的夜鳴きそば（21點30分～23點）也相當受歡迎。席夢思製的床保證讓你舒適入眠。

☎087-832-5489　MAP 附錄正面②C3
🏠高松市瓦町1-10-10　🚃琴電瓦町站步行5分　🕐IN15:00/OUT11:00　Ⓥ單人房6290日圓～、雙人房9390日圓～　🅿50輛（1晚1000日圓）

ホテル川六エルステージ高松
Hotel Kawaroku Her-Stage Takamatsu

使用檜木製成的大浴場與露天浴池讓人能徹底放鬆，非常受歡迎。自助式早餐只要650日圓，雖然便宜，但有現煎的煎蛋捲、讚岐烏龍麵、現磨咖啡等，種類豐富。禁菸館裡的女性專屬樓層中，還有附加溼器的空氣清淨機與放大鏡子。

☎087-821-5666　MAP 附錄正面②C2
🏠高松市百間町1-2　🚃琴電片原町站步行3分　🕐IN15:00/OUT10:00　Ⓥ單人房6400日圓～、雙床房1萬1800日圓～　🅿100輛（1晚900日圓）

※1泊2食、1泊附早餐、純住宿的費用為2人住宿一間房時1人所需的費用。單人房、雙床房的費用為一間房的住宿費用。

アパホテル〈高松瓦町〉
APA HOTEL〈TAKAMATSU-KAWARAMACHI〉

於2015全新落成的新館全館禁菸，房內備有大型電視機、輕柔高級羽毛被、與Sealy Japan Co., Ltd.共同開發的床鋪以及種類豐富的過夜用品，還有免費Wi-Fi。自助式早餐準備了烏龍麵等超過30種的和、洋食，非常有魅力，價格為1080日圓。

☎087-823-2323　MAP附錄正面②C3
🏠高松市福田町13-16 🚋琴電瓦町站步行3分 🕐IN15:00/OUT11:00 💴單人房8000日圓～、雙床房1萬3000日圓～ 🅿30輛(1晚850日圓)

びじねすほてるぱーくさいどたかまつ
ビジネスホテルパークサイド高松

眼前就是國家指定特別名勝栗林公園的絕佳地點，從西側高樓層俯視公園，眼下所見之四季景色非常漂亮。在櫃檯可以用300日圓的價格購買栗林公園的入園券。還可以免費借用微波爐、PC及自行車，真是令人開心的服務。

☎087-837-5555　MAP附錄正面②B3
🏠高松市栗林町1-3-1 🚋琴電栗林公園步行8分 🕐IN15:00/OUT10:00 💴單人房4950日圓～、雙床房7950日圓～ 🅿45輛(1晚700日圓)

ホテルサンルート瀬戸大橋
瀬戸大橋燦路都大飯店

與JR宇多津站直通，交通非常便利。除了免費自助餐早餐之外，還有平面停車場、漫畫區、自行車租借2小時等許多免費服務。Lady's Room（7000日圓～）內還備有空氣清淨機、按摩椅、美顏器。

1 早餐備有30種以上的餐點，可以在能眺望瀬戸大橋的頂樓景觀餐廳享用　2 也有免費Wi-Fi

☎0877-49-2311　MAP附錄正面①A2
🏠宇多津町浜6-81-1 🚋JR宇多津站即到 🕐IN15:00/OUT10:00 💴單人房5500日圓～、雙床房1萬2960日圓～ 🅿150輛

オークラホテル丸亀
OKURA HOTEL Marugame

這家城市飯店正對著瀬戸內海，能夠眺望瀬戸大橋的景觀浴池讓人身心放鬆，也有100間海景房。早餐（1404日圓）在1樓的Green Lounge享用，除了40種以上的自助式和、洋食餐點之外，還可以吃到店內現烤、飯店自製的可頌麵包。

1 住宿者能免費利用的景觀浴池可觀賞到一整片瀬戸內海景色　2 從飯店到JR丸龜站還有免費接駁巴士可以搭乘

☎0877-23-2222　MAP附錄正面①A2
🏠丸龜市富士見町3-3-50 🚋JR丸龜站車程3分 🕐IN14:00/OUT11:00 💴單人房1萬98日圓～、雙床房2萬196日圓～ 🅿300輛

まるがめぷらざほてる
丸亀プラザホテル

從JR丸龜站步行5分鐘即可抵達，是間做為觀光據點相當便利的商務飯店。15㎡大的單人房內採用中床，可以舒適入眠。提供免費的咖啡。日式早餐（800日圓）可以享用熱騰騰的越光米飯及手作才能品嘗到的家庭口味，非常受歡迎。

☎0877-23-1391　MAP附錄正面①A2
🏠丸龜市塩飽町50-3 🚋JR丸龜站步行5分 🕐IN15:00/OUT10:00 💴單人房5000日圓～、雙床房9000日圓～ 🅿25輛

ことひらりばーさいどほてる
琴平リバーサイドホテル

步行5分鐘即可抵達金刀比羅宮參道入口。一樓大浴池（泡湯150日圓）中的水是引自金刀比羅溫泉鄉的溫泉，還有免費按摩椅可以使用，能夠消除旅行中的疲勞。此外，還能以324～日圓的價格使用周邊金刀比羅溫泉鄉中2間溫泉旅館的溫泉，這服務真令人開心。

☎0877-75-1880　MAP附錄正面③D2
🏠琴平町246-1 🚋JR琴平站步行5分 🕐IN15:00/OUT10:00 💴單人房7710日圓～、雙床房1萬3110日圓～ 🅿10輛

旅遊小筆記
深入採訪

採訪中令人好奇的
邂逅

金刀比羅樣的出借拐杖
店家免費出借的枴杖，依店家不同，上面貼的膠帶顏色也不同，為感謝店家出借拐杖，在那家店裡買些東西是一種默契？

恋つつじ(杜鵑嶼)
栗林公園數一數二的景點，一個浮在南湖上的小島。長年修剪下，偶然被修剪成了心形的杜鵑花叢，到了5月左右時，就會染上可愛的粉紅色。

烏龍麵高湯水龍頭
常常會聽到有人問：「打開水龍頭會流出烏龍麵的高湯是真的嗎？」是真的！請到高松機場內的「空の駅かがわ」(🕘9:00～17:00，用完即停止服務)試試看。

令人好奇的人‧物是
何方神聖？

さぬき高松光頭会
在栗林公園東門出口旁從事志工活動的爺爺們，閃閃發光的腦袋就是他們的正字標記。他們免費為在公園散步完的民眾磨亮鞋子。

烏龍麵計程車
咦？計程車上有烏龍麵！？這就是烏龍麵計程車(→P25)的正字標記的「烏龍麵招牌燈」。想要輕鬆來趟烏龍麵美食之旅，就不能缺少這可靠的夥伴。

讚岐烏龍麵風味軟糖
可以享受勝過有嚼勁的讚岐烏龍麵的嚼勁！？這是外表像極烏龍麵的檸檬風味軟糖。喜歡享受烏龍麵滑過喉嚨時的感受的人，也請試著撕小塊品嚐看看吧。

令人好奇的
方言

まけた【Maketa】

意義
這不是指人生失敗的意思，而是「潑灑出來」的意思。活用形有「まけまけ」(滿到快要灑出來)、「まけよる」(現在正潑灑出來)，更加傳達出緊迫的感覺。

範例1
うどんの汁がまけて、服が汚れたがー。
烏龍麵的湯汁灑出來，弄髒衣服了啦。

範例2
汁入れすぎて、もうまけまけや。
加太多湯，都已經快要灑出來了啦。

本書作者的真心話
各式各樣的必遊景點複習

SPOT

讚岐烏龍麵店

金刀比羅宮

特別名勝栗林公園　　北濱alley　　瀨戶大橋

早已超越了美食的範疇，進一步成長為旅行主題的讚岐烏龍麵店（→P30）。製麵所及自助式等，從早晨到深夜，這裡聚集了各式各樣的店家，請務必一家接著一家品嘗看看。在江戶時代是庶民們夢想中的旅行地點的金刀比羅宮（→P44）也是必遊景點。爬完長長石階梯後感受到的成就感、在熱鬧的門前町散步及藝術之旅等，是個有非常多樂趣的景點。特別名勝栗林公園（→P52）是個非常適合規劃在恬靜大人之旅中的優美日本庭園，一定要走進讚岐伴手禮商品種類豐富的かがわ物產館 栗林庵逛逛。可以在重新翻修海邊倉庫群而成的時髦空間，北濱alley（→P54）中，充滿個性的咖啡廳、雜貨店及餐廳等商店享受樂趣。整體建築融入瀨戶內海景觀中的瀨戶大橋（→P50），光看也很美。推薦大家可以在橋墩旁的觀景點，看著平靜又優美的景色度過一段優閒的時光。

有嚼勁的麵條與小魚乾風味的高湯吸引人們百嘗不厭，讚岐烏龍麵（→P30）就是香川美食的代表性食物。讓他縣旅客感到驚訝的就是包餡年糕湯，用白味噌煮成的湯汁中放進包餡麻糬的特異組合，甜甜的麻糬和口感溫潤的白味噌真是絕配。這是一整年都能在特別名勝 栗林公園（→P52）內的茶屋等店家品嘗到，正逐漸受到大家歡迎的當地美食。如果你是覺得「幼鰤魚的肉好油，吃不習慣」的人，希望你務必嘗試看看橄欖幼鰤魚（→P64）。清爽卻有豐富的風味，愛上它的人正不斷增加！？夜晚的王道美食是帶骨雞肉（→P62）。將香辣入味的整隻難腿肉烤得酥脆，是當地人也相當喜愛的美食。而甜點呢，可以嗒嗒搭配上色彩鮮豔的香川傳統零食·おいり的新嫁娘霜淇淋（→P49）。おいり是結婚典禮上常見的零食，感覺非常喜氣呢！

FOOD

讚岐烏龍麵　　包餡年糕湯

橄欖幼鰤魚　　帶骨雞肉　　新嫁娘霜淇淋

SOUVENIR

讚岐烏龍麵　　橄欖油

高松張子　　丸龜扇　　和三盆甜點

在這個項目當中果然還是不能錯過讚岐烏龍麵。雖然大多都是半生麵，但最推薦的是三野製麵所的讚岐手打烏龍麵（一袋258日圓，內裝2球麵）。因為是乾燥麵，所以很輕，很適合買來送給大家當伴手禮。如果要買小豆島的橄欖油就要到i's Life（→P90）。其中最受歡迎的是使用無農藥檸檬製成、風味清爽的綠檸檬橄欖油（136g 3240日圓）。妹妹頭造型的奉公人偶及抱著鯛魚的惠比壽等，也請不要錯過純樸且可愛的高松張子，及傲視全國，生產量第1的丸龜扇等傳統工藝品。まちのシューレ963（→P12）、IKUNASg（→P70）及かがわ物產館 栗林庵（→P53）是找伴手禮時必去的商店。使用誕生於江戶時代的傳統高級砂糖、和三盆所做成的和三盆甜點也很推薦。餅乾與瑞士卷等，可以在各種烘培坊中遇到有優雅甜味的甜點（→P74）。

瀬戸内諸島

せとうちのしまじま

從高松港搭船出發，
前往瀬戸內海上的各個小島去。
美麗的自然景色與島上美食、
充滿個性的美術館
就在島上等著你。

〈 旅行一點靈 〉

從高松到小島交通時間在1小時內

搭乘渡輪或高速船25分～1小時，可以盡情欣賞瀬戸內景色，時間恰到好處的乘船之旅。唯一沒有直航船班的只有犬島，需要在直島或是豐島轉乘。

詳細交通資訊請見 →P82

在島上的主要交通方式是搭乘巴士

在各個港口，巴士的運行時間大多都會配合渡輪的抵達時間。但班次可能不多，建議大家可以事前先找好時刻表。

詳細交通資訊請見 →P92·96·98

也可活用租借自行車

每個島上的自行車租借都很方便，其中在直島、豐島用自行車最為便利。使用時請遵守交通規則及使用停車場等規則喔。

Check

從地圖瀏覽香川、瀨戶內諸島

從哪裡玩起好？小島旅行

以現在藝術的聖地之名漸漸受到注目，但瀨戶內諸島上依舊充滿著悠閒氣氛。
享受小小的乘船之旅，隨心所欲地在島上散步，這就是隨心所欲小島之旅的起點。

散步品味 ————————————————— P84

多采多姿的景點
日本的橄欖發祥地

しょうどしま
小豆島

擁有海洋、山脈與豐富大自然，相當受歡迎的觀光景點。
除了景點之外，也請品嘗用橄欖、醬油、麵線等島上特產
製作的美食。

1 希臘風車美如詩畫般
的道の駅　小豆島オリ
ーブ公園（→P85）2
島上最大的海灘，橄欖
灘

新岡山港

寶傳港

岡山縣

犬島港

犬島

宇野港

⑥

唐櫃港

家浦港 **豐島**

本村港

①

宮浦港

直島

⑤

男木島

④

大島

女木島

高松港

高松東港

自然品味 ————————————————— P92

全世界藝術迷的憧憬
現代藝術的聖地

なおしま
直島

環島一圈僅16km的小島，現在已
經是廣受全世界注目的藝術景點。
來島上逛逛融入島上風景中的美術
館以及各項作品吧。

1受歡迎的Apron
Cafe（→P94）
2 從渡輪上望見
瀨戶內的美麗夕
陽

P98

殘留的產業遺產所形成的獨特景觀與藝術

犬島
いぬしま

漂浮在岡山縣外海，人口約50人的小島。將銅精煉廠保存、重建之後完成的犬島精煉所美術館（→P99）等，非常值得特地前來參觀。

曾經因為是礦場而繁榮的小島上到處都有石頭藝術品。

往日生港↑

往姬路港↑

往二宮新港↗

大部港

福田港

小豆島

土庄港　池田港　草壁港

坂手港

②

③

N

0　　　5KM

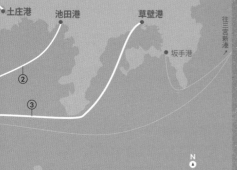

P96

梯田景觀非常美麗美食與藝術之島

豐島
てしま

梯田再造後的美麗景觀中，可以盡情欣賞與自然融為一體的裝置藝術。租借自行車環島也十分有趣。

在受歡迎的咖啡廳，島廚房（→P97）中稍作休息。

高松島前往各個小島的交通方式

前往小豆島
船班最多的是土庄港。每家渡輪都必須要有租賃小客車才能預約，最好盡早預約。

抵達港口	搭乘船種	所需時間	船費	船班數
土庄港 （小豆島渡輪①）	渡輪	約1小時	690日圓	1日15班
	高速船	約35分	1170日圓※1	1日16班
池田港 （國際渡輪②）	渡輪	約1小時	690日圓	1日8班
草壁港 （內海渡輪③）	渡輪	約1小時	690日圓	1日5班
	高速船	約45分	1170日圓	1日5班

前往直島
玄關口是宮浦港。春季～秋季的週末與假日一天會有4班高速船運行。前往本村港的船班有停駛日。

抵達港口	搭乘船種	所需時間	船費	船班數
宮浦港 （四國汽船④）	渡輪	約50分	520日圓	1天5班
	高速船	約25分	1220日圓	1天1班※2
本村港 （豐島渡輪⑤）	高速船	約30分	1220日圓	一天1～2班※3

前往豐島
運行船種只有高速船。有直達船班與途中停靠直島的船班（一天1～2班，所需時間約50分※3）。

抵達港口	搭乘船種	所需時間	船費	船班數
家浦港 （豐島渡輪⑤）	高速船	約35分	1330日圓	一天3～5班 （包含經直島的船班）

前往犬島
需要在直島或豐島轉乘。從高松港出發，在豐島轉乘的總乘船時間較短。而轉乘的便利度則依搭乘的船班時間不同。

出發港口	搭乘船種	所需時間	船費	船班數
直島・宮浦港 ↓（中途停靠豐島・家浦港） （四國汽船⑥）	高速船	從直島出發約55分	1850日圓	一天3班 （包含直達船班）
		從豐島出發約25分	1230日圓	※3 ※4

※1）末班船費為1550日圓　※2）3～11月的週五～週日・假日為1天4班　※3）3～11月每週二停駛、12～2月為週二～週四停駛（逢假日則運行）　※4）豐島美術館、犬島精鍊所美術館休館時停駛

注意

・確認船班的運行狀況，提早到港口
・餐飲店要確認營業狀況，可以的話先預約
・犬島與豐島島上有自動販賣機，但是沒有便利商店

洽詢

・小豆島渡輪 ☎087-822-4383
・國際渡輪 ☎0879-75-0405
・內海渡輪 ☎0879-82-1080
・四國汽船 ☎087-821-5100
・豐島渡輪 ☎087-851-4491

從哪種玩起好？小島旅行

高松出發，隨心所欲小島旅行「小豆島」

被海風所吸引…
在小豆島上悠閒兜風

有山、有海、有藝術，在小豆島租車悠閒地繞一繞。
途中繞到咖啡廳及餐廳坐坐也很棒，享受這舒服海風吹拂的兜風之旅吧。

COMMENTED BY　へんみけいこ　WRITER

Start

土庄港

是這樣
的地方

しょうどしま
小豆島

**眼下一片廣闊的藍色海洋
美到被稱為瀨戶內的愛情海**

溫暖的氣候與豐富的翠綠景色，想要在風光明媚的小豆島上觀光，開車最為便利。可以在土庄港、草壁港、坂手港旁的租車公司租車。舊街道風貌的「迷路のまち」、藍海洋與美麗海灘的「橄欖海灘」、四處可見古老醬油倉庫與佃煮店的「醬之鄉」，以上這些景點也非常推薦。

☎0879-82-1775（小豆島觀光協會）
MAP 附錄正面④

退潮時，海中道路開始露
出水面，特別美

なかやませんまいだ
中山千枚田

大小約800塊水田廣布在山坡上的梯田。被選為日本名水百選的湧泉「湯船之水」滋潤著這些水田，四季各有迷人風貌，這可謂是日本最原始的風景。

☎0879-82-7007（小豆島町商工觀光課）
MAP 附錄正面④B2　小豆島町中山　從土庄港搭乘小豆島橄欖巴士往中山方向20分，在春日神社站下車即到　自由參觀　P無

エンジェルロード
天使的散步道

每天兩次，隨著潮汐漲落而出現的砂道。被選為戀人的聖地，傳說只要和重要的人手牽手一起走過去就能得到幸福。旁邊還有「約定之丘展望台」。

☎0879-62-7004（土庄町商工觀光課）
MAP 附錄正面④A3　土庄町銀波浦　從土庄港搭乘小豆島橄欖巴士往小瀬方向11分，在国際ホテル站下車，步行5分　自由參觀　P108輛

此是電影《第八日的
蟬》外景拍攝地點

從白色希臘風車旁看過去的風景彷彿置身於愛琴海般

③ 道の駅　小豆島オリーブ公園
みちのえき しょうどしまおりーぶこうえん

俯瞰內海灣，以橄欖樹為主題的公園，還有資料館與溫泉等設施。除了讓人錯覺身在地中海的公園內以外，在橄欖園內散步也很舒服。

☎0879-82-2200　MAP附錄正面④C3
🏠小豆島町西村甲1941-1　🚌從草壁港搭乘小豆島橄欖巴士往土庄港方向4分，在オリーブ公園口站下車，步行5分　💰免費入園　🕐8:30～17:00(因設施而異)
🈺無休(因設施而異)　🅿200輛

ハーブショップ コリコ

因為是將《魔女宅急便》真人電影版裡的布景移地設置，所以是個拍攝紀念照的熱門景點。店內販賣使用香草製成的麵包及餅乾、雜貨等東西。

🕐9:00～17:00　🈺無休

太陽的贈禮／崔正化

太陽的贈禮／崔正化

用橄欖葉組成皇冠形狀的裝置藝術。葉子上寫著島上孩子們對大海的訊息。

☎087-813-0853(瀨戶內國際藝術祭執行委員會事務局)
MAP附錄正面⑤A1　🏠土庄町(土庄港灣內)　🚌土庄港旁即到　💰🕐🈺自由參觀　🅿無

寒霞渓
かんかけい

日本三大溪谷之一。由奇岩所編織而成的雄偉景觀，在溪谷被染成紅或黃色的楓葉季節最為壯觀。到山頂除了搭乘空中纜車(約所需5分)之外，也可開車或走登山道。

☎0879-82-2171(寒霞渓空中纜車)
MAP附錄正面④C2　🏠小豆島町神懸通168　🚌從草壁港搭乘小豆島橄欖巴士往紅雲亭方向(在特定季節運行)13分，在終點站下車即到　💰空中纜車來回車票1350日圓　🕐空中纜車8:30～17:00(有季節性差異)　🈺無休　🅿こうん站40輛、山頂站200輛

岬之分教場

小說《二十四之瞳》的故事舞台，建於明治35年(1902)的舊小學。

☎0879-82-5711
MAP附錄正面④C3　🏠小豆島町田浦甲977-1　🚌從草壁港搭乘小豆島橄欖巴士往田ノ浦映畫村方向27分，在田浦站下車即到　💰門票220日圓(與二十四之瞳電影城的套票為830日圓)　🕐以二十四之瞳電影城為準　🅿20輛

穿越時光來到懷舊的街道

④ 二十四之瞳電影城
二十四の瞳映画村

運用電影《二十四之瞳》的外景佈景，重現出昭和初期的風貌。有資料館、藝廊以及平時就會放映電影《二十四之瞳》的電影院。

☎0879-82-2455　MAP附錄正面④C4
🏠小豆島町田浦甲931　🚌從草壁港搭乘小豆島橄欖巴士往田ノ浦映畫村方向28分，在終點站下車即到　💰門票750日圓(與岬之分教場的套票為830日圓)　🕐9:00～17:00(11月8:30～)　🈺無休　🅿150輛

橄欖飛機頭／清水久和
オリーブのリーゼント／清水久和

橄欖果實形狀的白色臉型加上飛機頭型型。能讓人重新審視根源的設計意象與意涵的一項作品。

☎087-813-0853(瀨戶內國際藝術祭執行委員會事務局)
MAP附錄正面④D3　🏠小豆島町馬木　🚌從草壁港搭乘小豆島橄欖巴士往坂手港方向6分，在馬木站下車步行10分　💰🕐🈺自由參觀　🅿無

Goal

草壁港　土庄港

Start ～～

土庄港 ── 車程10分 ── ① 天使的散步道 ── 車程20分 ── ② 中山千枚田 ── 車程15分 ── ③ 道の駅 小豆島オリーブ公園 ── 車程25分 ── ④ 二十四之瞳電影城 ── 車程25分 ── 草壁港
 ～～ *Goal*

二十四之瞳電影城 ── 車程55分 ── 土庄港

高松出發，隨心所欲小島旅行「小豆島」

小豆島食材×橄欖。
因此才能誕生出的義式料理

與地中海上的小島十分相似的小豆島。在此採收的橄欖，當然與義式料理絕配！
最推薦的是橄欖收成期的10月。特別的季節美味正在等著你。

COMMENTED BY へんみけいこ WRITER

りすとらんて ふりゅう

Ristorante FURYU

在小小的山丘上品味
小豆島義式料理

堅持活用食材擁有的「原本的滋味」，嚴選出生產
自小豆島契作農家的蔬菜及漁產。菜單會隨進貨狀
況及季節改變，也可能有機會品嘗到在島上自然放
牧的杜豚及香川特產的橄欖牛。在10月上旬～11月
中旬能夠享用島上產的橄欖。午餐1300日圓～。晚
餐4200日圓～。

☎0879-82-2707 ㎆附錄正面④C3
🏠小豆島町草壁本町872-2 🚩草壁港步行7分 🕚11:30～
14:30、17:30～21:00(預約制，午餐C全餐及晚餐要提早一
天前預約) 🈳週四、每月第1、第3週三(逢假日則翌日休)
🈺16 🅿5輛

1 柔和的光線從大片
窗戶外照入店內，可
以在店內慢慢地享受
餐點　2 店家就位於
小路盡頭　3 午餐B
全餐（２０００日
圓），甜點也深受好
評

HAVE A NICE TIME

1
想要細心品嘗巧妙使用季節食材的前菜綜合盤

2
濃縮了海鮮美味的海鮮與橄欖的番茄紅醬義大利麵

3
鮮榨無過濾的橄欖油630日圓（10月上旬～11月中旬）與麵包

4
享用使用大量季節水果與橄欖製成的甜點，度過至高無上的幸福時光

高松出發，隨心所欲小島旅行「小豆島」

在氣氛絕佳的咖啡廳
享受新鮮的小島食材

小豆島上的咖啡廳，連重新翻修、深具個性的古民家，
與窗外的景色都是一大享受。當然，大量使用島上蔬菜製作的餐點也超棒。

COMMENTED BY　へんみけいこ　WRITER

たこのまくら
タコのまくら

改建大正時代的古民家而成，位於海邊的咖啡廳。非常堅持當地生產與有機栽種，使用大量新鮮蔬菜的タコ・タコライス（章魚塔可飯）（950日圓）是熱賣商品。也很推薦使用自家栽種的香草製作的自家製香草茶（450日圓）與健康甜點（200日圓～）的下午茶餐點。

☎0879-62-9511　MAP附錄正面④B3
🏠小豆島町池田1336　🚏池田港步行15分　🕐11:30～17:00（正餐為14:30LO）　休週二～週四（需確認）P22
P利用城山觀光5輛

1 放上蔬菜、凍豆腐素鬆、燜炒當地捕撈的章魚的章魚塔可飯　2 古民家中有許多讓人看了很開心的擺設　3 紅色門簾是醒目標誌

かふぇちゅうざえもん。
café忠左衛門

能在這家橄欖園所經營的咖啡廳中享受橄欖。活用島上特產的麵線技法所製作的手拉義大利麵，提供四季應時的餐點。除了在橄欖採收過後會出現的綠果オリーブオイルづくし特別パスタセット（綠果橄欖油特別義大利麵套餐）1650日圓（11～5月限定）之外，連輕食也都使用了橄欖。

☎0879-75-0282　MAP附錄正面④B3
🏠小豆島町池田2267-5　🚏小豆島橄欖巴士坂手港方向等約2分，在小豆島町役場池田庁舍前站下車步行10分
🕐10:00～17:00（週六、日、假日為18:00，有季節性變動）　休無休（12～3月為週二）　P28　P13輛

1 綠果橄欖油特別義大利麵套餐　2 能嚐到現摘新鮮香菇、蝦子與雞肉的橄欖油蒜味蝦（820日圓）　3 可以俯瞰橄欖園與瀨戶內海的2樓露臺座位

ふぉれすとさかぐらもりくにぎゃらりー

フォレスト酒蔵森國ギャラリー

設有藝廊及烘培坊，小豆島上唯一一家酒窖所經營的咖啡廳。可以在氣氛平靜的店內，享用早上現採自家種植的蔬菜及酒粕所製作的餐點。杜氏のまかない飯（杜氏的員工餐）1000日圓除了有加入豐富當季蔬菜的酒粕湯之外，還可以品嘗佃煮及橄欖茶等島上特產。

☎0879-61-2077　ＭＡＰ附錄正面④D3
🏠小豆島町馬木1010-1　🚌從草壁港搭小豆島橄欖巴士往坂手港方向等約6分，在馬木站下車步行3分
🕚11:00～17:00（因設施而異）　🈹週四（逢假日則營業，因設施而異）　🈺28　🅿10輛

1 也有販售當地產的酒（9:00～）　2 店內巧妙活用老東西擺設，光看就很開心　3 老奶奶用心親手製作的杜氏的員工餐　4 改建約70年歲月的佃煮工廠

ほーむめいかーず

HOMEMAKERS

由栽種無農藥蔬菜的農家所開設，僅限週五、週六營業，有居家氣氛的咖啡廳。如果想直接品嘗用愛栽培出的現採的當季蔬菜美味，那就推薦沙拉盤（850日圓）。雞肉咖哩與當季蔬菜沙拉套餐（850日圓）是讓肚子也感到非常滿足的熱銷餐點。

☎0879-62-2727　ＭＡＰ附錄正面④B2
🏠土庄町肥土山466-1　🚌從土庄港搭小豆島橄欖巴士往中山方向17分，在肥土山站下車步行7分　🕚11:00～16:00LO　🈹週日～四（不定期休息）　🈺20　🅿6輛

1 可以品嘗到香辛料濃郁明顯的咖哩及產自肥土山的米飯，雞肉咖哩與當季蔬菜的沙拉套餐　2 改裝自屋齡120年的古民家　3 在店內也有販售蔬菜　4 使用蔬菜及水果製作的瑪芬（350日圓）

高松出發，隨心所欲小島旅行「小豆島」

鮮活的小豆島風土氣息，購買好吃的小豆島伴手禮

明明就是在找要送給朋友的伴手禮，卻發現行李滿滿的全是給自己的禮物。
小豆島的伴手禮品質之高，會讓你後悔：「早知道就帶個超大購物袋來了！」

COMMENTED BY へんみけいこ WRITER

いずらいふ
i's Life

小豆島與世界的橄欖油專賣店

販賣重視與大自然連結的自家公司栽種的橄欖油。綠檸檬橄欖油是榮獲2015年洛杉磯國際橄欖油品評會加味橄欖油部門第一名的珍品。也請不要錯過，身為橄欖油品評員的老闆所嚴選的各國橄欖油。

1 明亮的店內　2 小豆島產綠檸檬橄欖油46g（1620日圓）　3 西班牙產Castillo de Canena冷燻橄欖油227g（2700日圓）　4 小豆島產特級初榨橄欖油46g（1620日圓）　5 土耳其產橄欖油250g（1944日圓）　6 店家位於國道旁

☎0879-62-9377
MAP 附錄正面⑤B1
🏠土庄町渕崎1956-1　🚌從土庄港搭小豆島橄欖巴士往小瀨方向9分，在合同庁舍前下車，步行3分　🕙10:00～18:00　休週一（逢假日則翌日休）　🅿5輛

PICK UP

ヤマロク醤油
やまろくしょうゆ

建於明治初期的醬油倉庫是國家登錄的有形文化財。在傳說約使用150年的大杉木桶中二次發酵的鶴醬，使用了一般醬油兩倍的材料與時間製成，是很奢侈的醬油。如果工作人員有空的話也可以參觀醬油倉庫。

☎0879-82-0666　MAP附錄正面④D3
🏠小豆島町安田甲1607　🚌從草壁港搭小豆島橄欖巴士經由安田往福田港方向6分，在安田上站下車步行8分　🕐9:00～17:00　休無休　P5輛

1 鶴醬145ml（486日圓），濃郁及溫潤滑順是其特徵　2 使用丹波黑豆所製作的菊醬145ml（486日圓），爽口不澀　3 長年定居於醬油倉庫裡的菌會讓醬油變得更好吃

セトノウチ「島モノ家」
せとのうちしまものや

2015年9月開幕，販售以小豆島為首的「瀬戶內的好東西」的伴手禮商店。販售麵線製造時多出來的部分「ふしめん」及橄欖茶等眾多精選商品。

☎0879-62-8500
MAP附錄正面⑤A1　🏠土庄町甲398　🚌從草壁港搭小豆島橄欖巴士往小瀨方向9分，在合同庁舍站下車步行即到　🕐10:00～18:00　休週三（達假日則營業）　P4輛

1 改建民宅而成的店鋪　2 使用小豆島海水手工製作出的鹽巴·御塩（570日圓）　3 真砂喜之助製麵所的ふしめん（594日圓）　4 花費一年半天然釀造，手作りもろみ杉樽仕込み（杉木桶釀造手工醬油粕）486日圓

うみねこかしや
うみねこかしや

堅持使用國產小麥及有機原料，手工精心製作的甜點深受好評。除了餅乾（210日圓～）及活用季節性食材做出來的燒烤類點心之外，還有布丁（170日圓）等，也可以在店內享用。

☎0879-82-4838　MAP附錄正面④D3　🏠小豆島町苗羽1422-1　🚌從草壁港搭小豆島橄欖巴士往坂手港方向7分，在苗羽站下車即到　🕐11:00～18:00　休週一～週四　P1輛

1 最暢銷的おさかなバニラ（香草小魚）260日圓　2 桑の葉パヴェ（桑葉的方形甜點）210日圓，德島縣產的桑葉風味極佳　3 使用小豆島的鹽巴製作的糖くろねこ（黑糖黑貓）260日圓　4 可以單手拿書放鬆閱讀的店內座位區

繞著「直島」逛一圈

島上的旅遊指南請見 P82

來一趟能琢磨感性的藝術之旅

受到世界上藝術迷所憧憬的直島,是個不管到訪幾次都能有新發現的特別場所。
在觀看這些與小島風景融合為一的戶外作品及美術館中,你肯定會成為現代藝術的俘虜。

COMMENTED BY へんみけいこ WRITER

なおしませんとう「あいらづゆ」 — (A)
直島錢湯「I♥湯」

由大竹伸朗所創作,實際上真的可以進去泡澡的美術設施。在這個原本建造來當成與地方民眾交流的澡堂中,內部的細微處皆無處不藝術。

☎087-892-2626(NPO法人直島町觀光協会)
MAP 附錄正面⑦A4　🏠直島町2252-2　‼宮浦港步行即到　💰泡湯510日圓　🕐14:00～21:00(週六、日、假日10:00～)　🈲週一(逢假日則翌日休),可能會因設施維護而休館　🅿無

利用抽象拼貼畫的手法呈現出五彩繽紛的外觀
攝影:渡邊修

みやのうらぎゃらりーろっく — (B)
宮浦藝廊六區

原本是一間小鋼珠店,現改造成可以進行各種企劃的藝廊。由建築師西澤大良所設計。

☎087-892-2550(福武財團)
MAP 附錄正面⑦A4　🏠直島町2310-77
‼宮浦港步行5分　🕐🈲💰因實施企劃不同而異(關於企劃內容需至官方網站上事前確認)　🅿無

與旁邊的公園搭配成一個休憩場所 攝影:高橋公人

小島的玄關就在這裡!

位於宮浦島的海之驛站「直島」內設有觀光服務處,是旅行的起點。也可在此租借自行車。

☎087-892-2299(直島町觀光協會)

直島 ART MAP

N
0　500M

🚲:自行車租借店

寺島

直島

P.95 島食Doみやんだ
(B) 宮之浦地區

(A)

荒神島

宮浦港
宮浦港
カフェおう

地中美術館售票中心
地中美術館

(C)

ちちゅうびじゅつかん — (C)
地中美術館

為了不破壞瀨戶內海的景觀,而將絕大部分的建築體埋在地下的美術館。永久展示克勞德·莫內與其他三名藝術家的作品。

☎087-892-3755　MAP 附錄正面⑦A4
🏠直島町3449-1　‼從つつじ莊巴士站搭乘免費接駁巴士11分,在地中美術館站下車即到　💰門票2060日圓　🕐10:00～18:00(10～2月為～17:00)　🈲週一(逢假日則翌日休)　🅿60輛

左 因為是在自然光線中觀賞,所以會隨時間與季節改變展現的風貌
Walter De Maria「Time/Timeless/No Time」2004 攝影:Michael Kellough
下 由世界級建築家,安藤忠雄所設計 攝影:藤塚光政

ANDO MUSEUM
あんどう みゅーじあむ —— Ⓓ

木造古民家中可看到一整片用水泥打造出來的空間，是將安藤忠雄的建築要素濃縮起來的美術館。

☎087-892-3754(福武財團)
🗺附錄正面⑦B4 🏠直島町736-2 🚌農協前巴士站步行5分 🎫門票510日圓 🕙10:00～16:30 🈺週一(逢假日則翌日休) 🅿無

館內展示著安藤忠雄及直島歷史相關的資料
攝影：淺田美浩

家計劃
家プロジェクト —— Ⓔ

改建位於本村地區裡的古民宅及神社，將整個空間直接變成藝術作品的企劃。總共有7間充滿小島傳統與文化的作品。

☎087-892-3223(倍樂生之屋)
🗺附錄正面⑦B3 🏠直島町本村地区 🚌農協前巴士站步行至各作品為3～10分 🎫通用入場券1030日圓(「きんざ」另外需要510日圓，且需預約)，單館入場券410日圓 🕙10:00～16:30 🈺週一(逢假日則翌日休) 🅿無

家計劃「石橋」攝影：鈴木研一

李禹煥美術館
りうふぁんびじゅつかん —— Ⓕ

在國際上擁有高知名度的李禹煥個人美術館，展示其70歲到現在的作品。由安藤忠雄所設計的半地下構造的建築也是觀賞重點之一。

☎087-892-3754(福武財團)
🗺附錄正面⑦B4 🏠直島町字倉浦1390 🚌從つつじ莊巴士站搭乘免費接駁巴士8分，在李禹煥美術館站下車即到 🎫門票1030日圓 🕙10:00～18:00(10～2月為～17:00) 🈺週一(逢假日則翌日休) 🅿無

上 販售原創商品及李禹煥相關書籍的美術館商店 攝影：山本糾 下 靜靜佇立在綿延至海邊的山谷間 攝影：山本糾

倍樂生之屋
ベネッセハウス —— Ⓖ

是個將美術館與飯店結合的複合設施。除了館內，設施周邊的大自然中也有展示作品，可以邊散步邊觀賞作品。

☎087-892-3223 🗺附錄正面⑦B4 🏠直島町琴彈地 🚌從つつじ莊巴士站搭乘免費接駁巴士5分，在ベネッセハウスミュージアム下站下車即到 🎫門票1030日圓 🕙8:00～21:00 🈺無休 🅿有(僅限住宿者可以使用)

概念為「自然、建築、藝術的共生」。
由安藤忠雄設計 攝影：山本糾

本村地區擴大圖
🚌T.V.C.直島レンタルサービス本村店
本村ラウンジ&アーカイブ
(石橋)
本村港
農協前 本村港
(碁会所)
(きんざ)
玄米心食
あいすなお P.95
直島
町役場 角屋
Ⓓ (南寺) (護王神社)
Apron Cafe
P.94
(はいしゃ)
※○為Ⓔ家計劃建築物

向島

本村地區
本村港 本村港
農協前 本村港
Cafe Salon
"Naka-Oku" P.95
T.V.C.直島
レンタルサービス宮浦店

○館地區
煥美術館
ベネッセハウスショップ
東ゲート
つつじ荘
Ⓖ
ッセハウス ミュージアム下

遊逛直島的方式

作品主要集中於宮之浦、本村、美術館區域等三處。各區域間可搭乘町營巴士或騎自行車移動。宮之浦、本村區域內可以步行，美術館區域內可搭乘免費接駁巴士或是步行移動。
※美術館區域內禁止車輛進入(含自行車)

● 町營巴士（搭乘一次100日圓）

在區域間遠距離移動非常便利。車內沒有兌幣機，所以請事先準備好零錢。

宮浦港（宮之浦地區）
6分
農協前（本村地區）
6分
つつじ荘（美術館地區）

● 租借自行車（1天300日圓～）

在宮浦港周邊有海之驛站「直島」等4個地方可以租借。也有需事先預約的租借處，可以事先確認。特別要注意美術館區域內不能騎自行車。

宮之浦地區		
約15分		20分
本村地區		(從西側走)
約15分		
美術館地區（東入口附近自行車停車場）		美術館地區（地中美術館票務中心自行車停車場）

GOURMET GUIDE

發現「直島」好吃的食物！
深受島民喜愛的咖啡廳＆食堂

島上的旅遊指南請見 P82

在逛遍直島上的藝術作品後，來享用超棒的島上餐點恢復活力吧。在受當地人歡迎的食堂中，
不只可以品嘗到來自瀨戶內的恩惠，還可以感受到平易近人的小島日常生活。

COMMENTED BY　へんみけいこ　WRITER

えぷろん かふぇ

Apron Cafe

在高品味的店內
享用讓身體感到喜悅的餐點

身為營養管理師的老闆秉持著「享受美食，身體
也變得健康」的想法，思索出的本日特別午餐
（1500日圓）廣受好評。午餐以當地產的時節蔬
菜為中心，一份餐點中幾乎可以吃到一天所需的
蔬菜量。也很推薦只在週六、日、假日
推出的早餐（780日圓～）。

☎087-892-3048　MAP附錄正面⑦
B4　🏠直島町777　🚌農協前巴士
站步行5分　🕐11:00～15:30LO
（週六、日、假日為8:00～）　休週一、
週四（逢假日則營業），可能不定期休
息　🪑30　🅿可利用町營停車場

SHOP DATA

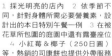

1 採光明亮的店內　2 依季節不
同，針對身體所需必要營養素，設
計出的本日特別午餐一例　3 在被
花草所包圍的庭園中還有露臺座位
　4 小紅莓＆椰子（250日圓）
等，熱銷的司康餅也提供外帶服務

1 畫上茶碗圖案的門簾是醒目標誌。店內氣氛舒適自在　2 對身體很好的自然食午餐·あいすなお套餐（850日圓）

玄米心食 あいすなお
（げんまいしんしょく あいすなお）

這間古民家咖啡廳的概念是對人和大自然和善。使用自家發芽的無農藥糙米，再用壓力鍋炊煮出的彈牙米飯是他們的招牌。發芽糙米飯可搭配以蔬菜為主的菜餚與黃豆味噌湯一同享用。

☎087-892-3830　**MAP** 附錄正面⑦B4
🏠直島町761-1　🍴農協前巴士站步行即到
🕐11:00～16:00　🈺不定期休息　🅿28　Ｐ可利用町營停車場

カフェサロン中奥
Cafe Salon "Naka-Oku"

靜靜佇立於本村區域邊緣，成熟氛圍的隱密店家。使用中奧特製的椰奶調味過的咖哩（790日圓），撲鼻的香辛料香味中還能嘗到恰到好處的甜味，非常正統。本日的起司蛋糕（390日圓）等，也推薦大家享用點心類的餐點。

☎087-892-3887　**MAP** 附錄正面⑦B4
🏠直島町本村中奥　🍴農協前巴士站步行10分
🕐11:30～15:00、17:30～21:00　🈺週二、也可能不定期休息　🅿24　Ｐ可利用町營停車場

1 本日的起司蛋糕與拿鐵咖啡的套餐（720日圓）　2 老闆親自改建古民宅，店內氣氛讓人感到平靜

1 還設有藝廊　2 眼光卓越的老闆早上親自進貨的漁貨，用最好吃的處理法所做出的生魚片定食的其中一例

島食Doみやんだ
（しましょくどうみやんだ）

可以品嘗到新鮮魚產的餐廳。蒸章魚生魚片及橄欖幼鰤魚等，可以盡情享受瀨戶內當季魚產的生魚片定食價格1000日圓～。用龜足茗荷煮出的高湯所煮成的味噌湯所能品嘗到的海產鮮味很是特別，還有烤魚及滷魚定食。

☎087-813-4400　**MAP** 附錄正面⑦A4
🏠直島町2268-2　🍴宮浦港步行即到
🕐11:00～14:00、17:00～20:00　🈺週一（逢假日則翌日休），也可能不定期休息　🅿28　Ｐ3輛

再生的梯田無比美麗令人雀躍的
飲食與藝術之地「豐島」

島上的旅遊指南請見 P82

就算是朝著目標藝術品走去,也會因為大海與梯田的美景而不自覺停下腳步。
悠閒的瀨戶內小島景色會讓你忘記時光流逝,這也是豐島的魅力。

COMMENTED BY　へんみけいこ　WRITER

位於稍高的小山丘上,彷彿被梯田所包圍一般 攝影:森川昇

豐島美術館
てしまびじゅつかん

佇立於再生後的梯田中,形狀如水滴一般的美術館。因為是由建築家西澤立衛及藝術家內藤禮所建造的,所以建築、作品、環境互相融合。可以欣賞從地板湧出的水經過一天之後變成「泉」的作品〈母型〉。

☎0879-68-3555 MAP 附錄正面⑥C1 🏠土庄町豐島唐櫃607‼ 家浦港搭乘豐島接駁巴士14分,豐島美術館前站下車即到 ♥門票1540日圓 🕙10:00～17:00(10～2月～16:00) 🈔週二,12～2月為週二～週四(逢假日則開館,翌日休館／逢週一放假則週二開館,翌日週三休館) 🅿10輛

上 內藤禮〈母型〉2010年 下 〈母型〉可在自然光下欣賞水湧出的樣子 2張照片攝影:森川昇

遊逛豐島的方式

移動方式主要為巴士&步行,或是租借自行車。但也有起伏很大的路段,所以請選擇自己體力能負荷的方式。
☎0879-68-3135(豐島觀光協會)

●豐島接駁巴士

一次搭乘車資為200日圓,1天只有7班車的小型巴士。島民優先上車,也必須要有心理準備,人多時可能無法上車。

●租借自行車

土庄町自行車租借(電動自行車4小時1000日圓～☎豐島觀光協會)等,家浦港旁有5家自行車租借點。從家浦港到豐島美術館約30分。

豐島橫尾館
てしまよこおかん

藝術家橫尾忠則與建築師永山祐子攜手合作創造。活用古民家的屋內設置，館內展示著色彩豐富的11個平面作品。屋外也有設置裝置藝術，整體空間濃縮了橫尾忠則的哲學。

☎0879-68-3555（豐島美術館）　MAP 附錄正面⑥B1　🏠土庄町豐島家浦2359　🚌家浦港步行5分　💴門票510日圓　🕐10:00～17:00（10～2月為16:00）　休週二，12～2月為週二～週四（逢假日則開館，翌日休館／逢週一放假則週二開館，翌日週三休館）　Ｐ無

上　3張連在一起的大幅畫作《原始宇宙》　下　腹地整體都有擺設作品　2張照片攝影：山本糾

心臟音的資料館
心臟音のアーカイブ

以生與死為主題的Christian Boltanski的美術館。由可聽見世界上人們的心跳聲的「Listening Room」等3間房間組成，也可以把自己的心跳聲加入作品中（登錄費用1540日圓）。

☎0879-68-3555（豐島美術館）　MAP 附錄正面⑥D1　🏠土庄町豐島唐櫃2801-1　🚌家浦港搭乘豐島接駁巴士17分，在唐櫃港站下車步行15分　💴門票510日圓　🕐10:00～17:00（10～2月為16:00）　休週二，12～2月為週二～週四（逢假日則開館，翌日休館／逢週一放假則週二開館，翌日週三休館）　Ｐ無

在黑暗中，燈泡配合心音閃爍的「Heart Room」

美術館前有一片廣闊的美麗海洋　2張照片攝影：久家靖秀

島廚房
島キッチン

由安部良著手設計，藉由「飲食與藝術」串聯起人與人之間關係的餐廳。在半屋外的空間也有座位，充滿開放感的店內，可以品嘗島上的媽媽們大展身手製作的料理。活用當季食材製作的島廚房套餐最受歡迎。

☎0879-68-3771　MAP 附錄正面⑥C1　🏠土庄町豐島唐櫃1061　🚌家浦港搭乘豐島接駁巴士11分，在清水前站下車步行3分　🕐11:00～16:00　休週二～週四（週五僅有咖啡廳）※🕐休皆隨季節而有變動。詳情請事先至網站上確認　席32　Ｐ無

右　安部良「島廚房」　攝影：中村脩
左　午餐的島廚房套餐（1620日圓）的其中一例

可以散步逛一圈的小島
悠閒的藝術漫步之旅「犬島」

島上的旅遊指南請見P82

於明治後期開設十年即關閉的製鍊所遺跡，以其為中心自然地結合島民生活與現代藝術。
提供大家思考過去、迎向未來的契機，環島周長僅4km左右的小島。

COMMENTED BY へんみけいこ WRITER

犬島藝術計劃「精鍊所」。以新地區創造的模範正受到各方注目　攝影：阿野太一

犬島チケットセンター
犬島票務中心

位於犬島港旁，是藝術之旅的據點。在這個展示空間中播映著由藝術家Fiona Tan所拍攝的影像作品（2015年12月時）。除了販售美術設施欣賞票券（3館通用票券2060日圓）之外，還設有商店、咖啡廳。

☎086-947-1112 MAP 附錄背面⑩ 🏠岡山市東區犬島327-4 🚶犬島港步行即到 🎫免費入館 🕙10:00～17:00 🏖週二，12～2月為週二～週四（逢假日則開館，翌日休館／逢週一放假則週二開館，翌日週三休館）🅿無

上 被稱為瀨戶內漁夫飯源流的たこめし（章魚飯）套餐1230日圓
下 以犬島藝術計劃「精鍊所」的煙囪為原型製作的商品等，原創商品也相當豐富　2張照片攝影：田中圓子

遊逛犬島的方式

下船之後首先就先到犬島票務中心吧。可以用2060日圓購買犬島藝術計劃「精鍊所」、犬島「家計劃」、海濱犬島藝廊的通用欣賞票券（以下稱3館通用票券）。藝術作品分布在犬島港步行15分鐘的範圍內，所以可以用走的繞一圈。

犬島「家プロジェクト」
犬島「家計劃」

由藝術總監長谷川祐子與建築家妹島和世攜手合作的計劃，呈現了藝術與建築、島嶼風景及人們的生活渾然一體的感覺，活用過去民宅的瓦片屋頂及舊材料所建造出的藝廊分布在犬島村莊內。

☎086-947-1112 附錄背面⑩ 岡山市東區犬島327-4 F-Art House從犬島港步行即到 3館通用票券2060日圓 10:00～16:30 週二，12～2月為週二～週四（逢假日則開館，翌日休館／逢週一放假則週二開館，翌日週三休館）無

上 犬島「家計劃」S-Art House 荒神神明香〈contact lens〉2013 下左 犬島「家計劃」F-Art House 名和晃平〈Biota（Fauna/Flora）〉2013 下右 Former site of a stonecutter's house 淺井裕介〈Listen to the Voices of Yesterday Like the Voices of Ancient Times〉2013 3張照片攝影：Takashi Homma

いぬじませいれんしょびじゅつかん
犬島藝術計劃「精錬所」

保存、再生原為近代化產業遺產的犬島製錬所而成的美術館。可以在此欣賞到由三分一博志所建造，活用地形、近代化產業遺產、自然能量的建築，與柳幸典所製作的以三島由紀夫為主題的現代藝術。

☎086-947-1112 附錄背面⑩ 岡山市東區犬島327-4 犬島港步行5分 3館通用票券2060日圓 10:00～16:30 週二，12～2月為週二～週四（逢假日則開館，翌日休館／逢週一放假則週二開館，翌日週三休館）無

柳幸典「Hero Dry Cell／Solar Rock」(2008) 攝影：阿野太一

從這裡眺望的景色也很棒

精錬所カフェ
SEIRENSHO CAFE

就位於美術館旁，可以在此品嘗到使用高品質水質淨化系統栽種的水果做成的飲料。

10:30～16:30 以美術館的休館日為準（10～6月可能會有美術館開館，咖啡廳卻休息的情況）

可以用眼睛與舌頭享受建築的休息場所 攝影：阿野太一

瀨戶內國際藝術祭2016
為了能更加樂在其中的確認清單

無論哪個季節到訪都能夠玩得很開心的藝術祭典。
舉行期間內常常會出現人潮擁擠的狀況，要做好萬全準備。

CHECK ONE

活動概要

以「活用原有之物創造出新價值」為主旨所進行的藝術計劃及活動，3年舉辦1次。2016年分為春、夏、秋三個會期，舉辦共計108天的大型活動。

新登場於宮浦港旁的公共藝術〈直島展覽館〉
MAP 附錄正面⑦A4
設計：藤本壯介建築設計事務所／所有者：直島町

TOPICS

這一次也有許多來自其他國家及區域的藝術家及企劃來參加。除了新作品的公開與舉辦多采多姿的活動以外，也希望大家可以關注島上的「飲食」、以亞洲為中心與世界的文化交流，以及為了傳達瀨戶內與香川的文化而用心企劃的計劃。

林舜龍〈跨越國境・海〉（作品意象）／高松港周邊

會期

春…2016年3月20日～4月17日
夏…2016年7月18日～9月4日
秋…2016年10月8日～11月6日

作品欣賞護照 5000 日圓

這是可以欣賞瀨戶內國際藝術祭2016作品的優惠票券。僅限於春、夏、秋的會期中使用，一個作品限欣賞一次。雖然有些美術館需要另外付費，但出示護照可以用優惠價格欣賞或入館。在主要便利商店、旅行社中販售。

※享有優惠價格的美術設施及不使用作品欣賞護照時所需的費用，請參閱瀨戶內國際藝術祭網站。

欣賞島上藝術時的禮儀

· 千萬別忘記小島是島民們生活的地方，嚴禁大聲喧嘩、跑進一般民宅內等造成當地居民困擾的行為。
· 基本上禁止在美術設施腹地內拍照（但其中也有開放拍照的設施，請向工作人員確認）。拍攝島民照片時也請先知會一聲。
· 不可碰觸作品。

前往小島前的準備

· 因為常需要步行移動，所以請穿著好走的鞋子。
· 夏天也請別忘了準備帽子及水，做好防止中暑的準備。最好還能做防蟲準備。
· 手機在部分地區收不到訊號，所以要攜帶旅遊指南書。
· 餐飲店及自行車租借等，能夠事先預約的請事先預約會比較安心。

洽詢

☎087-813-0853（瀨戶內國際藝術祭執行委員會事務局）
http://setouchi-artfest.jp/tw/

舉行地點

直島、豐島、女木島、男木島、小豆島、大島、犬島等瀨戶內諸島將成為藝術的舞台。
主要交通方式以渡輪為主，請事先蒐集相關航運資訊。

春、夏、秋三季舉行的地點

小豆島→P84 ①
除了由數千根竹子組成的巨大設施等作品之外，也不要錯過擁有約300年歷史的傳統藝能・農村歌舞伎。

犬島→P98 ②
自古以來就是為人所知的花崗岩產地，位於岡山附近的小島。除了藝術作品之外，還有表演企劃。

豐島→P96 ③
以「飲食與藝術」為主題的小島。大竹伸朗將發表在舊制針工廠設置約30年前的木製舟形的新作品。

直島→P92 ④
同時也作為藝術季的主要據點。由三分一博志所設計的直島大廳於2015年12月開幕。

男木島 ⑤
是個民宅密集聚集在斜面上的聚落，有許多在空屋裡所設置的裝置藝術。一天有6班渡輪從高松港出航。

女木島 ⑥
鬼島的原型。有許多以能感受到盆栽演變的作品與電影館為主題的作品。一天有6班渡輪從高松港出航。

大島 ⑦
在國立漢生病療養所・大島清松園中，設置著田島征三的作品，溫馨美術企劃也正在進行中。

高松港周邊 ⑧
除了展示藝術品及活動之外，在特別名勝栗林公園（→P52）也有舉辦款待計畫。

宇野港周邊 ⑨
岡山縣側邊的玄關口。交通船企劃及展示大型大樓看板等，喚起港邊城鎮的熱鬧記憶。

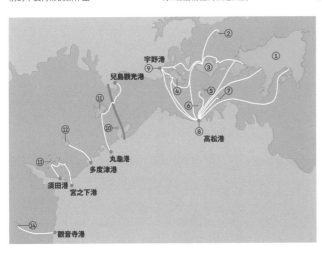

真壁陸二 〈男木島路地壁畫企劃
wallalley〉（男木島）

日比野克彥 〈瀨戶內海底探查船
美術館計劃〉
攝影：高橋公人（粟島）

僅在春天舉行的地點

沙彌島→P51 ⑩
由澳洲的「Snuff Puppets」演出的巨大人偶劇一個接著一個上演。

※各島的作品、企劃內容全都是2015年11月底時的預定。會期中可能會增開船班及臨時航行路線。作品、企劃、航線相關資訊請事前至瀨戶內國際藝術祭網站上確認。

僅在秋天舉行的地點

本島 ⑪
原為鹽飽海軍根據地。展示著以海洋與船為構想中心的作品。1天有渡輪、高速船各4班從丸龜港出航。

高見島 ⑫
尚留存著瀨戶內的古時外觀的小島。公開展示著許多以荒地與廢村為舞台的作品。1天有4班渡輪從多度津港出航。

粟島 ⑬
以日本第一個船員學校遺跡的粟島海洋紀念館為主舞台展開企劃。1天有8班高速船從須田港出航。

伊吹島 ⑭
日本小魚乾產量第一的產地。從這些聚焦於生活的作品中可以接觸到島上文化。1天有4班高速船從觀音寺港出航。

從高松出發車程約90分

經由高松自動車道進入神戶淡路
鳴門自動車道，走過大鳴門橋後
就可以進入淡路島。到淡路島中
心的洲本市約有98km，需花費
90分。

從北端到南端
最短距離車程約40分

細長的淡路島南北約53km，東
西22km。利用橫跨島中央的神
戶淡路鳴門自動車道的話只需
40分鐘，環繞小島一周可當日
來回。

島內也有路線巴士運行

島內以幹線道路的岩屋～洲本～
福良為中心，有淡路交通巴士運
行，可以往各個方向去。一部分
路線因為車次不同，停車地點也
有所不同，乘車前要先確認。

詳細交通資訊請見→ P123

WELCO

AWAJI

現 在 最 想 一 探 究 竟 的

ME TO
SHIMA

淡路島觀光

花卉與水果，還有小島咖啡廳！
濃縮淡路島私密景點的1day兜風之旅

因季節更迭而變幻的淡路島當季景色，追尋著美味，橫跨淡路島。
西海岸的美麗海景，還有夕陽的景觀也能盡情賞享受。

COMMENTED BY 大井美弥子 WRITER

8月中旬～晚秋的一串紅。眼前是可以眺望
大阪灣～紀伊半島外海的寬闊全景

Start

淡路島
あわじしま

是這樣
的地方

兜風非常開心
花卉與療癒之島

可以欣賞四季各有風情多彩的花卉以及各式
水果，自然資源豐富，為瀬戶內海上最大的
島。首先就在淡路IC（交流道）的大型服務
區確認道路交通資訊。島內幹線道路上雖然
有很多加油站及便利商店，但就算是縣道，
只要稍微進入山區之後就可能很難找到，要
多注意。西海岸旁的縣道31號縣是雙向單
線道的狹窄道路，所以要注意對向來車。

☎0799-72-3420（岩屋觀光服務處）
☎0799-25-5820（洲本觀光服務處）
☎0799-52-2336（南淡路觀光服務處）
MAP 附錄背面⑨L3～I6

淡路IC

①

東浦

淡路花卉山丘
あわじ花さじき

一整片花海綿延在面海的山丘斜面上
的景點，在面積為甲子園球場4倍，
約15公頃的廣大花田中，有油菜
花、粉萼鼠尾草、大波斯菊等，四季
各有不同的花卉美麗盛開著。以大阪
灣及明石海峽為背景，花朵如地毯般
鋪滿地面的景觀非常壯觀。

1 油菜花是園內春天的代表花卉　2 主花
壇「天空的花園」中，會配合每年的主
題，運用花朵描繪出圖樣

☎0799-74-6426　MAP 附錄背
面⑨K3　🏠 淡路市楠本 2865-4
🚗 淡路 IC 車程 12 分　♥ 免費
入園　⏰9:00 ～ 17:00（入園～
16:30）　🈚 無休（天候不佳時有
可能休園）　🅿️200 輛

(野島)

のじますこーら
のじまscuola

重新改建小學校舍而成的複合設施，除了販售周邊農家所種植的新鮮蔬菜與嚴選的羅勒商品的市集之外，還有使用島上生產的食材製作餐點的義式餐廳、咖啡廳、烘焙坊等，可以一併享受島上的食物與大自然。

1 位於可俯視大海的山丘上　2 質地彈牙的紅豆米麵包150日圓　3 有大蒜麵包等種類豐富的烘焙品　4 使用FRESH GROUP淡路島（→P21）生產的羅勒等製成的3種義式鯷魚熱沾醬1420日圓　5 擺著當季農產品的市集　6 咖啡廳的熱銷餐點，淡路洋蔥比薩1296日圓

☎0799-82-1820　MAP附錄背面⑨K3
🏠淡路市野島蟇浦843　🚗淡路IC車程15分
🕙10:30〜19:00（餐廳〜20:00LO有季節性變動）
🈺週三　💴150　🅿50輛

③

(洲本)

ひらおかのうえん
平岡農園

創業六十年的橘子・檸檬農園，在這裡可以享受採檸檬的樂趣。充分沐浴在島上的太陽照耀與海風吹拂下，沒有上蠟、無添加防腐劑，採低農藥種植而成，外皮閃閃發亮的檸檬是農園的得意產品。花上900日圓就可以摘6顆回家。

1 栽種果汁豐富的梅爾檸檬與香氣極高的艾倫優利卡　2 奢侈地使用果肉和果皮製成的檸檬義式冰淇淋250日圓　3 將檸檬發酵製成的自家製酵素果汁250日圓

☎0799-22-2729　MAP附錄背面⑨K5
🏠洲本市宇山451　🚗洲本IC車程15分　Ⓥ採檸檬900日圓（只能摘取6個檸檬）　🕘9:00〜17:00　🈺採檸檬季節期間內無休（天候不佳時有可能休園）　🅿70輛

105

4

らくとがま
樂久登窯

此為事師於丹波燒陶藝家清水俊彥的西村昌晃的藝廊＆咖啡廳。在這間改裝古民家而成的藝廊裡，擺著使用島上的泥土、礦物及灰等所製成的日常生活中會使用的容器。附設的咖啡廳裡，可以品嘗使用樂久登窯燒製的容器盛裝的自家製甜點及飲料。

☎0799-34-1137　MAP附錄背面⑨J5
🏠洲本市五色町鳥飼浦2667-2　🚗西淡三原IC車程20分　🕙10:00〜17:00　🈺週二、三　♿20　🅿10輛

1 擺設在閣樓藝廊中的作品們　2 改建擁有100年歷史的主屋而成，深富情趣的藝廊　3 非常有個性的空間　4 從照片內側順時針分別是一杯米炊飯鍋1萬2960日圓、薑灰圓盤1萬800日圓、茶杯1620日圓、飯碗2700日圓、小碟子1296日圓　5 咖啡廳裡使用的水果是島上的農產品　6 使用自家採集蜂蜜的起司蛋糕450日圓

⑤

(慶野松原)

けいのまつばら
慶野松原

《萬葉集》中也有留下詠嘆此地的和歌，是個風光明媚的名景勝地。數萬棵淡路黑松樹茂密生長的白砂青松海岸，是淡路島數一數二看夕陽的勝地。被選為「日本夕陽百景」的絕美景色令人感動。事前確認日落時間前去看夕陽吧。

☎0799-52-2336（淡路島觀光協會南淡路觀光服務處）MAP附錄背面⑨J5 🚗南あわじ市松帆古津路➡西淡三原IC車程12分 ⏰周邊自由參觀 🅿700輛（夏季收費）

1 沿著慶野松原綿延約1.5km的散步道 2 染紅播磨灘的夕陽，浮在外海上的小豆島的島影也很美麗

Goal

西淡三原IC

MORE FLOWERS!

(岩屋)

あわじしまこくえいあかしかいきょうこうえん
淡路島國營明石海峽公園

在約40萬㎡的腹地內，四季都綻放著美麗的花朵。春天有關西最大規模的鬱金香花壇，非常壯觀。修剪成章魚及鳥類等非常獨特的造型，用花朵組成的中海上浮著天鵝船等，有很多值得一看的景色。

☎0799-72-2000（明石海峽公園管理中心）MAP附錄背面⑨L3 🚗淡路市夢舞台8-10 ➡淡路IC車程5分 ¥入園費410日圓 ⏰9:30～17:00（4～8月～18:00、11～2月～16:30）❌2月第1週一與翌日 🅿400輛（一次500日圓）

(岩屋)

あわじゆめぶたい
淡路夢舞台

佇立於花卉綠意中的複合設施，有飯店、餐廳及日本最大規模的「奇蹟之星植物館」等設施。由建築師安藤忠雄所設計的「百段苑」非看不可。建築物與大自然完美地融合在一起，就像是個藝術作品一樣。

☎0799-74-1000 MAP附錄背面⑨L3 🚗淡路市夢舞台2 ➡淡路IC車程10分 ¥免費入園（植物館入場費600日圓） ⏰無休（因設施而異） 🅿600輛（一天500日圓）

(南淡路)

淡路ファームパーク イングランドの丘
淡路農場公園英格蘭之丘

這是能和花卉與動物近距離接觸的主題樂園。在以英國湖區為意象打造出的英格蘭區中，5萬朵的向日葵、季節性花卉美麗盛開的花田以及玫瑰田非常壯觀。也能體驗農作物收成以及麵包製作。

☎0799-43-2626 MAP附錄背面⑨J5 🚗南あわじ市八木養宜上1401 ➡西淡三原IC車程15分 ¥入園費800日圓 ⏰9:00～17:00（有季節性變動） ❌無休 🅿1500輛

Start

淡路IC ─車程12分→ ① 淡路花卉山丘 ─車程18分→ ② のじまscuola ─車程55分→ ③ 平岡農園 ─車程35分→ ④ 樂久登窯 ─車程15分→ ⑤ 慶野松原 ─車程12分→ 西淡三原IC

Goal

GOURMET GUIDE

想要特地造訪
在小島咖啡廳裡享受悠閒的時光

緩慢流逝的時間與暖呼呼的氣氛，這裡就有非常適合歌頌這種 "島上時光" 的咖啡廳。
在這撫慰人心的空間中，肯定會讓你不自覺忘記時間。

COMMENTED BY 大井美弥子 WRITER

〔 郡家 〕

かふぇ まるこう

Café Marukou

倒映在藍色大海與晴空中
雪白的獨棟咖啡廳

位於Sunset Road上，遠眺海平線的絕佳地理位置是
它的魅力。除了使用在眼前的播磨灘中捕撈的新鮮魚
產製作的料理之外，還有像是自家製的戚風蛋糕等
豐富的咖啡廳餐點。還附設改裝自海苔養殖工廠的
漁具展示館·丸幸（門票200日圓）。

1 會被窗外整片的海
景所感動　2 咖啡與
蛋糕套餐850日圓
3 播磨灘的魚產御膳
1500日圓

☎0799-70-1671
MAP 附錄背面⑨J4
🏠淡路市郡家1168-2　🚍北淡IC車程10分
🕐7:30～17:00　🈳週四、8月以外每月第3週
五　🪑26　🅿14輛

SHOP DATA

1 骨董家具等隨意地擺設著　2 南瓜起司蛋糕等手作甜點非常熱銷。蛋糕套餐823日圓～

洲本

こぞらかふぇ

小空カフェ

在改建明治時代的紅磚倉庫而成的複合設施內，有股懷舊氣氛的咖啡廳。糙米飯搭配每週更換的店家自製小菜的午餐最有人氣，3款1132日圓～。在鄰近的烘培坊中烤出來的司康餅和蛋糕可以外帶。

☎0799-38-4331　MAP 附錄背面⑨K5
🏠洲本市塩屋1-1-17　アルチザンスクエア1F　🚗洲本IC車程10分　🕐11:30～21:30　🈲週三、每月第2、第4週四(逢假日則翌日休)　🈳32　🅿10輛

北淡

かふぇてりあかぜのうた

カフェテリア風の詩

雖然位於兵庫縣立淡路景觀園藝學校的Alpha Garden內，但是是所有人都可以進入的校園咖啡廳。在明亮的窗邊座位，或是景色優美的露臺座位品嘗完餐點或是茶飲後，推薦大家可以在美麗的庭園散散步。

☎0799-82-3197　MAP 附錄背面⑨K3
🏠淡路市野島常盤954-2　🚗淡路IC車程15分　🕐11:00～16:00　🈲過年期間　🈳70　🅿可利用兵庫縣立淡路景觀園藝學校內的停車場78輛

1 口味與分量都讓人豎指稱讚的熱銷每日定食700日圓　2 可享受吹拂過綠意的舒服涼風的露臺座位

1 寬敞舒服的空間　2 Awabi ware的器皿1個2600日圓～　3 滿滿的島上蔬菜！每週更換的233午餐（1000日圓）

洲本

にいさんさんかふぇ

233 cafe

附設有販售島上的創作者作品的商店、活動空間，可以感受到小島"現在"的咖啡廳。可以在此品嘗到使用島上食材製作的料理及甜點。季節水果的酵素果汁（400日圓～）等飲料類也很受歡迎。

☎0799-20-4488　MAP 附錄背面⑨K5
🏠洲本市本町5-3-2　🚗洲本IC車程10分　🕐11:00～18:00　🈲週四　🈳20　🅿無

GOURMET GUIDE

享用小島蔬菜！
改建咖啡廳 & 餐廳

於溫暖的氣候中成長茁壯，新鮮又美味的小島蔬菜們。
由古民家改建而成，非常有氣氛的店裡，品嘗以蔬菜為主角的料理吧♪

COMMENTED BY 大井美弥子 WRITER

（釜口）

らかーさ ゔぇっきあ

LA CASA VECCHIA

店名就是義大利文的"古老的家"
在這氣氛寧靜的空間裡享用現採的蔬菜

在改建約80年屋齡的古民家而成的店裡享用深受好
評的義式料理。每道菜都可見使用了新鮮蔬菜、品
牌牛肉的椚座牛、季節鮮魚等島上食材的全餐料
理，會隨著二十四節氣改變餐點內容。邊享受和風
擺設、坐在可觀賞海平線的位置，邊享
用濃縮島上當季美味的全餐料理。

1 不管是中餐還是晚
餐，菜單都只有二十
四節氣全餐而已。午
餐3240日圓，晚餐
6480日圓　2 店內
活用裸露梁柱做擺設
3 大量使用自家菜園
生產的蔬菜

☎0799-74-6441　MAP 附錄背面⑨K4
🏠 淡路市釜口1225　🚌 東浦IC車程10分
🕚 11:30～13:00LO、18:00～20:30LO（晚
餐需預約、週三僅晚上營業）　🈺週二　🈳16
🅿5輛

SHOP DATA

のうかふぇ はちじゅうはちや
農Cafe 八十八屋

以「連結生產者與消費者」為經營理念的蔬菜咖啡廳。使用直接從農家進貨的蔬菜，烹調時相當注重素材味道及風味。季節の八十八屋ランチ（八十八屋季節午餐）（1600日圓）有可享用到約20種蔬菜的"農園蔬果盤"與前菜、甜點，深受好評。

☎0799-25-8086 附錄背面⑨K5
洲本市中川原町中川原92-1 洲本IC車程15分
11:00～17:30LO 週四（可能因活動而不定期休息）
18 6輛

1 改建古民家而成的店內有懷舊氣氛 2 幾乎所有的蔬菜都是向島上的生產者直接進貨 3 搭配義式鯷魚熱沾醬及季節性沾醬一起享用的農園蔬果盤

1 加入許多島上生產的牛奶與雞蛋，焦糖堅果鬆果餅756日圓
2 可以在和室或是沙發座位徹底放鬆的店內 3 窗邊座位還可以看到彩繪玻璃 4 咖哩炒飯（756日圓）風味濃郁

こーひーあんどわっふる ふくかふぇ
Coffee&Waffle ふくカフェ

在貓頭鷹招牌的導引下，來到這家屋齡100歲以上的古民家咖啡廳。廣受好評的淡路島咖哩，使用了一整個淡路島的特級洋蔥，再加上水果、蔬菜、香辛料煮成。在如同隱身森林中般氣氛的店內享用店家自己烘培的特調咖啡（432日圓）。

☎0799-53-6170 附錄背面⑨J5 南あわじ市倭文長田224 洲本IC車程12分 10:00～17:30LO 週四、每月第2、第4週五 30 20輛

GOURMET GUIDE

淡路島美食的代名詞
沒吃淡路牛便無法展開旅程！

屬於人氣品牌肉品的淡路牛。島上有許多店家都直接向牧場進貨，能用相對便宜的價錢
品嘗一等的淡路牛真讓人開心呢！　大口品嘗牛排、漢堡排等餐點吧♪

COMMENTED BY 大井美弥子 WRITER

(津名)

ありいてい
ありい亭

使用自家牧場飼育的牛的烤肉，新鮮且價錢驚人地公
道。從飼料開始即有所堅持而養出的淡路牛，肉質軟
嫩到像是要融化了，越嚼紅肉的美味也越在口中擴散
開。使用牛肉手工製作的香腸（300日圓）也廣受好
評。因為是非常受歡迎的店，所以週末務必要預約。

☎0799-62-6260　MAP 附錄背面⑨K4
🏠淡路市中田72　🍴津名一宮IC車程5分　🕐11:30～
14:00、17:00～21:00LO　🈺週二（逢假日則翌日休）
🈳23　🅿40輛

1 里肌定食150g5400日圓。吸飽肉片美味的洋蔥也很好吃
2 數量有限的煙燻牛肉 864日圓，和啤酒超搭的一道菜
3 能徹底放鬆的下嵌式座位的和式包廂

(津名一宮)

びーふらんどたいこう
ビーフランド大公

從簽約農場直接進貨A5等級未生產過的牛，放
在櫻島的熔岩石上送到顧客面前的石燒牛排而
聞名的老店，油花細密的牛肉軟嫩且香醇。店
家堅持其搭配的配菜與調味料全部都要自己製
作。

☎0799-64-1313　MAP 附錄背面⑨K4
🏠淡路市生穗2135-3　🍴津名一宮IC車程10分
🕐11:00～14:00、16:00～20:45LO（週六、日、假日11:00～
20:45LO）　🈺週一（逢假日則可能變動）　🈳50　🅿20輛

1 配料豐富的麻辣
牛筋泡飯450日圓
2 分量充足的特選
牛腹肉700日圓
3 簡直是牛排！厚
片上等里肌肉
1200日圓（前
方）非吃不可 4 在
寬敞的和式座位上
悠閒吃飯

(岩屋)

すてーきはうすげんぺい
ステーキハウスgenpei

使用淡路牛以及當地捕撈的漁產為食材的鐵板燒專賣店。廚師會在你面前煎牛排，所以可以用眼睛和舌頭享用淡路牛。精選的淡路牛口感濕潤、滑順。請在能將明石海峽大橋一覽無遺的吧檯座位區享受一段奢侈的時光。

☎0799-73-2941　MAP附錄背面⑨L3
🏠淡路市岩屋923-4　🚃淡路IC車程5分
🕐11:00～14:30、17:00～20:30LO　🈂週二(逢假日則翌日休)　🪑15　🅿10輛

1 あわじ島オニオンビーフバーガー（淡路島洋蔥牛肉漢堡）648日圓　2 前略，道の駅バーガー（道之驛漢堡）3240日圓一天只限定1個。其中使用了250g淡路牛的肋眼肉　3 也持續推出新口味漢堡

(福良)

みちのえきうずしお
道の駅うずしお

有景觀餐廳、小賣店的公路休息站。在「あわじ島バーガー淡路島オニオンキッチン」中還有販售，榮獲全國當地漢堡選拔賽冠軍的あわじ島オニオンビーフバーガー（淡路島洋蔥牛肉漢堡），還有其他使用淡路牛、洋蔥等島上食材所製作的漢堡。

☎0799-52-1157　MAP附錄背面⑨I6　🏠南あわじ市福良丙947-22　🚃淡路島南IC車程5分　🕐9:00～17:00(オニオンキッチン平日9:30～16:30LO)　🈂無休(12月需要事先洽詢)　🪑150(オニオンキッチン為60)　🅿50輛

1 使用特別高品質的未生產過的椚座牛煮出的沙朗牛排5800日圓～。加價就可以升級成全餐　2 漁產料理也超好吃！活章魚1980日圓　3 主廚在面前燒烤

GOURMET GUIDE

想在魚產天國・淡路島，享用超級美味的魚！

西邊有播磨灘、東邊有大阪灣、南邊有鳴門海峽及太平洋。
不嚐嚐在這超棒的環境之下成長茁壯，現撈的海產，就別說你吃過淡路島美食。

COMMENTED BY 大井美弥子 WRITER

岩屋

はやしやすしてん
林屋鮓店

由鮮魚專賣店直營的壽司店。隨時備有在岩屋漁港捕撈上岸的鯛魚、章魚、星鰻等25～30種野生漁產。放著大塊配料的壽司，新鮮到在口中也能感受到材料的彈力。一貫300～500日圓，生魚片與燒烤類等單點料理也很超值。因為是非常受歡迎的店，建議大家事先預約。

☎0799-72-5544 MAP 附錄背面⑨L3
淡路市岩屋1168 淡路IC車程5分 11:30～14:30（入店）、16:30～20:00（入店） 休 週一、週四（假日則不一定） 席25 P無

1 おまかせ握り（隨店家搭配握壽司）10個3240日圓。幾乎都是淡路島產 2 有吧檯座位區與下嵌式座位區 3 生魚片綜合盤2160日圓和烤星鰻1620日圓

1 燒烤貝類全餐（3456日圓）的食材都是在烤之前才從水槽裡撈上來的，不管哪個尺寸都很大，肉質彈牙 2 淡路島3年紅鰭東方魨炸魚塊（1080日圓）為冬季限定菜單 3 販賣所的一角設置為小餐廳，店內充滿活力

由良

にいじますいさん
新島水產

由收購於由良港上岸的漁產類的海產批發商所經營的小餐廳。爽快地用火直接燒烤還活著的鮑魚與蠑螺等貝類的燒烤貝類全餐是店家最有名的餐點。在前一天之前預約還可以把附餐的白飯換成章魚飯。依季節不同，還可以吃到由良名產・紅海膽及鱧魚火鍋、河豚火鍋等料理。

☎0799-27-1786 MAP 附錄背面⑨K6
洲本市由良町由良2581 洲本IC車程35分
11:00～14:30最後入店時間（需預約。販售8:00～） 休 週二、不定休 席36 P20輛

(洲本)

いたりあてい
いたりあ亭

由曾到法國三星級餐廳學習的第二代老闆大顯身手製作餐點的知名義式餐廳。漁產類從批發市場購買，蔬菜則堅持使用自家有機菜園與當地生產的產品。受歡迎的生海膽義大利麵，是用掉一整盒淡路島產海膽的奢侈料理。

☎0799-24-5399　MAP附錄背面⑨K5
🏠洲本市栄町3-1-43　🚗洲本IC車程5分　🕐11:30〜14:00LO、17:30〜20:00LO　🈺週一（逢假日則翌日休）、每月會有一次不定期休息　🪑36　🅿10輛

1 生海膽義大利麵3456日圓〜（時價），有很明顯的濃厚甘甜（需預約）　2 讓人感到時光緩慢流逝的寧靜空間

(洲本)

かいせんしょくどう うおます
海鮮食堂 魚増

創業40年的鮮魚專賣店所經營的食堂。有20種以上的定食，能直接品嘗到食材的優點，可以盡情享用淡路島的鮮魚。最受歡迎的餐點是使用由良產的章魚做成的炸章魚丼定食。章魚炸得香酥，越咀嚼章魚的香甜就會在口中擴散開來。

☎0799-22-0559　MAP附錄背面⑨K5
🏠洲本市本町2-3-2　🚗洲本IC車程10分　🕐11:30〜13:30（白飯售完即打烊）　🈺週二、週三（逢假日則營業）　🪑24　🅿7輛

1 非常有魄力的炸章魚丼定食（1100日圓）　2 當地民眾也愛去的店，週末總會大排長龍

(阿那賀)

はまずし
浜寿し

漁港小鎮的壽司老店。可以品嘗到當季海產的夏季知名料理ハモすき（鱧魚壽喜燒），每年都有饕客為了這道料理前來，由此可看出其受歡迎的程度。以醬油為底的高湯加上肉質緊實的福良鱧魚，還加進了滿滿的洋蔥，沾上生蛋享用吧。

☎0799-39-0169　MAP附錄背面⑨I6
🏠南あわじ市阿那賀1470　🚗淡路島南IC車程15分　🕐12:00〜15:00、17:00〜21:00LO　🈺週二（可能會臨時休息）　🪑16　🅿5輛

1 鱧魚壽喜燒1人份3240日圓（2人份〜，需預約。照片為2人份）。吸飽高湯的鱧魚非常鬆軟　2 鯛魚、章魚、星鰻等隨季節替換的當地捕撈的魚所做成的上等握壽司8個3450日圓　3 創業50年以上的老店

GOURMET GUIDE

店內品嘗新鮮出爐！
享用小島麵包&甜點，度過幸福點心時間

淡路島上有很多有超棒甜點及麵包的店家。

好吃的祕訣果然就是島上食材，也不要錯過用蔬菜做成的甜點！

COMMENTED BY 大井美弥子 WRITER

（ 洲本 ）

ひらのぱん

平野パン

使用很多淡路島的牛奶！
活用島上食材的自然派麵包

佇立在悠閒田園風景中，深受歡迎的烘培坊。店內
擺滿了堅持使用島上牛奶、雞蛋、洋蔥等食材製
作，種類豐富的麵包。耗時18個鐘頭發酵製作而成的
牛角麵包等丹麥麵包類及歐式麵包類，是店
家的自信之作。可以在附設的咖啡廳
享用剛出爐的麵包。

SHOP DATA

☎0799-24-2707 ＭＡＰ附錄背面⑨K5
🏠 洲本市下內膳76 🚗洲本IC車程5分
🕐7:30～19:00(咖啡廳～17:00) 🈺週三、
每月第3週二 🈳20 🅿10輛

1 像寶石般漂亮的麵
包並排著 2 莓果丹
麥麵包（左）、水果
丹麥麵包（右）各
313日圓 3 每日更
換的特製午餐1350
日圓，附約10種類
的麵包吃到飽

1 Shintama 518日圓。外表光澤亮麗的洋蔥中包著蛋白霜和無糖的鮮奶油
2 典雅的店

（洲本）

にちようどう
日洋堂

活用水果及牛奶等島上食材製作甜點的創作蛋糕店。招牌蛋糕・Shintama是將淡路島產的洋蔥浸泡在糖漿當中製作成的糖漬洋蔥，是非常費工夫的珍品。鳴門オレンジ漬け（糖漬鳴門柑橘）（194日圓）最適合買來當伴手禮。

☎0799-22-2296　[MAP]附錄背面⑨K5
🏠洲本市物部2-12-3　🚗洲本IC車程10
🕘9:00～19:00（咖啡廳～18:30）　🈺週二　📮14
🅿10輛

（福良）

じーえるむ
G.elm

位於福良港附近，非常受歡迎的義式冰淇淋店。使用島上現擠的牛奶、精選的水果及蔬菜所做的義式冰淇淋，濃縮了食材的味道及風味，濃郁且餘味清爽。牛奶經過24小時熟成，引出其濃郁風味等，隨處可見店家的堅持。

☎0799-50-2332　[MAP]附錄背面⑨J6
🏠南あわじ市福良甲1530-2　🚗淡路島南IC車程10分　🕘10:00～18:00　🈺週三、週四不定期休息
📮24　🅿可利用うずしお広場共同停車場

1 有14種口味可以選擇，雙球冰淇淋各340日圓　2 鄉村風格的店內擺設　3 酥脆的もなか（最中）冰淇淋夾心。もなか（最中）1個230日圓

1 挑高的天花板讓空間充滿開放感
2 柑橘園麵包奶油夾心151日圓（右）、巧克力194日圓（左）、番茄美乃滋熱狗堡307日圓（後）

（南淡路市）

ぶーらんじぇりー　る ふぃあーじゅ
Boulangerie le feuillage

被花草綠葉包圍住的獨棟房子Boulangerie。使用淡路島的洋蔥所製作的鹹麵包等，店內擺著各式各樣的麵包。長時間發酵後做成的バケットルフィアージュ（le feuillage法式長棍麵包）270日圓等等，還有忠實顧客為了這些很講究的麵包，特別從遠處來訪。

☎0799-53-6600　[MAP]附錄背面⑨J5　🏠南あわじ市八木新庄433-1　🚗西淡三原IC車程10分
🕘9:00～18:00（咖啡廳～16:00LO）、售完打烊　🈺週一、週二（逢假日則營業）　📮10　🅿16輛

在市集 & 產銷市場
購買新鮮的島上食材

直接將小島的恩惠、季節的美味擺上架的產銷市場，
光是逛逛看看就覺得很雀躍呢。詢問店員推薦那些東西也很開心喔。

COMMENTED BY 大井美弥子 WRITER

1 キヌヒカリ 5分玄米（絹光5分脫殼糙米）5 kg 2000日圓。也是產自於南淡路 2 センザン醬油的ゆずポン酢（柚子醋）595日圓 3 七福味500日圓 4 使用平岡農園的檸檬所做成的グリーンマイヤーレモンマーマレード（綠梅爾檸檬果醬）865日圓是秋季限定的商品

福良

ふくらまるしぇ
福良マルシェ

南淡路市生產的物品
種類豐富且齊全

蔬菜、鮮魚、加工品等，這個市集非常堅持只販售島內生產的商品。海產品的一夜干等，也請不要錯過這些只有在這裡才能買到的商品。在店內的咖啡廳，可以品嘗洋蔥隨你加的淡路島比薩（500日圓）等熱銷餐點。

☎0799-52-1244 MAP 附錄背面⑨J6
南あわじ市福良甲1530-2 西淡三原IC車程10分 10:00～18:00（週六、週日、假日為9:30～）無休
可利用共同停車場100輛

1 成井さんちの完熟たまねぎ（成井家的成熟洋蔥）1袋（4〜6顆）600日圓　2「島村兄弟」特製的酢玉ねぎドレッシング（黑醋洋蔥醬）1000日圓　3 淡路島產的洋蔥湯200g 600日圓　4 紅色屋頂是其醒目的標記

(中田)

さんちょくあわじしま「あかいやね」

產直淡路島「赤い屋根」

立於綠意盎然山間，有著紅色屋頂的物產中心。裡面有島上生產的水果、銘菓齊全的「島村兄弟」等5家店舖進駐，可說是淡路島的特產大集合。也不定時會舉辦蔬菜或水果裝到滿的活動。

☎0799-62-7245　MAP附錄背面⑨K4
🏠淡路市中田4139-4　🚌津名一宮IC開車即到
🕘9:00〜17:00（餐飲為11:00〜14:30、17:00〜22:00）　休無休　🅿200輛

(東浦)

こーなんさんちょくかん あわじひがしうらてん

こーなん産直館 淡路東浦店

附設於生活量販店裡的產銷市場。架上擺著由生產者直接出貨的安心且安全的蔬菜、加工品、海產物、乾貨等商品。創業45年以上的老店・淡路島的森德海苔是只能在這裡買到的限定商品。

☎0799-75-2470
MAP附錄背面⑨L3
🏠淡路市久留麻2068-1　🚌東浦
IC車程5分　🕘9:00〜19:30
休1月1日　🅿65輛

1 庄治さんの蜂蜜（庄治先生的蜂蜜）1404日圓。這是由日本蜜蜂從島上的花朵收集來的「夢幻蜂蜜」　2 使用嫩芽所製成，香氣濃郁的森德海苔594日圓　3 寬廣的店內擺著寫上生產者姓名的商品

1 平岡農園的橘子直接榨取的まんまみかんジュース（原汁柳橙汁）1200日圓　2 綠色長茄子和白色長茄子各150日圓　3 早上摘採的成熟無花果6入裝324日圓

(津名)

さんちょくいちばおのころばたけ

產直市場おのころ畑

位於主題樂園入園閘口前。店內擺放著農家直接送來的蔬菜、水果、花及加工品。一年總計販售100間生產農家的蔬菜，初春的新洋蔥、可在店內輾壓成精製白米，低農藥栽培的鮎原米非常熱銷。

☎0799-62-4192　MAP附錄背面⑨K4　🏠淡路市塩田新島8-5　🚌津名一宮IC車程10分
🕘9:30〜17:30（冬季〜17:00）
休無休　🅿可利用淡路ワールドパークONOKORO的停車場1000輛

ACCESS GUIDE

前往香川的方式

要前往香川的中心地區‧高松有飛機、鐵路、渡輪、高速公路巴士等各種交通方法可以選擇，
搭乘JR時的入口為所有新幹線都會停車的岡山站。

各地前往香川的交通方式

● 飛機、鐵路、渡輪

| 羽田機場 | ANA、JAL　1小時20分 → | 高松機場 |
| 成田機場 | JJP　1小時30分 → | |

東京車站	新幹線「希望號」→ 岡山站 快速Marine Liner 約4小時30分
	寢台特急「サンライズ瀬戶」(22:00從東京出發→7:27抵達高松) 9小時27分
名古屋站	新幹線「希望號」→ 岡山站 快速Marine Liner 約2小時50分	高松站
新大阪站	新幹線「希望號」→ 岡山站 快速Marine Liner 約1小時50分	
新神戶站	新幹線「希望號」→ 岡山站 快速Marine Liner 約1小時40分	
神戶三宮新港	Jumbo Ferry 4小時30分 →	高松東港
博多站	新幹線「希望號」→ 岡山站 快速Marine Liner 約2小時55分	高松站

● 機場交通巴士

高松機場	琴電巴士35～45分 760日圓 →	高松站
	琴空巴士45分 1500日圓 →	琴平前
	琴參巴士(途中停靠坂出站、宇多津站)1小時10分 →	丸龜站前
	1200日圓／1天7～9班其他還有4班車前往坂出站(依季節變動)	

洽詢處

ANA
(全日空)
☎0570-029-222

JAL
(日本航空)
☎0570-025-071

JJP
(捷星航空)
☎0570-550-538

Jumbo Ferry
☎078-327-3322

琴電巴士
☎087-821-3033

琴空巴士
☎0877-75-2920

琴參巴士
☎0877-22-9191

神姬巴士
☎078-231-4892

南海巴士
☎06-6643-1007

FOOT 巴士
☎078-333-8888

※西日本JR巴士、阪急巴士的
洽詢方法請參照P123。

● 高速公路巴士

※BT＝巴士轉運站

	出發地點	巴士暱稱	抵達地點	所需時間	車班數	洽詢處
高速公路巴士	大阪車站➡JR難波站	高松EXPRESS大阪号	高松站	3小時38分	1日16班	西日本JR巴士
	阪急梅田➡JR難波站	さぬきEXPRESS	高松站	3小時35分	1日16班	阪急巴士
	難波高速BT➡湊町BT➡大阪站櫻橋口	FOOT巴士大阪号	高松站	3小時54分	1日16班	南海巴士
	新神戶站➡三宮BT	高松EXPRESS神戶号・ハーバーライナー	高松站	3小時07分	1日20班	西日本JR巴士・神姬巴士
	三宮BT	FOOT巴士神戶号	高松站	2小時38分	1日7班	FOOT 巴士

遊逛高松市區的方式

高松市區內最便利的交通方式就是利用鐵路和步行。徹底掌握JR和琴電2條鐵路的搭乘方法吧。

想去郊外的烏龍麵店時就開車吧，可以利用高松站周邊的租車公司，或是烏龍麵計程車。

市中心區域的交通一覽圖

租借自行車

高松市街相當平坦，租借自行車後幾乎可以逛遍所有景點。除了窗口的高松站前廣場地下自行車租賃處外，市區內還有7處租賃處，不管在哪個租借點都可以借還。租借時（第一次利用時）需要出示身分證件，且需要在有專人服務的租賃處登錄資料。
- ¥24小時200日圓
- ⏰7:00～22:00
- 休無

洽詢處：高松站前廣場地下自行車租賃處
☎087-821-0400
MAP附錄正面②B2

洽詢處

JR四國
（電話服務中心）
☎0570-00-4592

高松琴平電鐵
（琴電）
☎087-863-7300

車站租車
☎0800-888-4892

TOYOTA租車
☎0800-7000-111

日本租車
☎0800-500-0919

日產租車
☎0120-00-4123

Times Car租車
☎0120-10-5656

烏龍麵計程車

如果想要有效率的吃遍烏龍麵店的話，推薦大家利用「烏龍麵計程車」。可以包下對市內近郊的烏龍麵店相當熟悉的當地司機所開的車。可以邊聽烏龍麵趣的知識，邊享受一趟開心的烏龍麵之旅。
- ¥一小時4700日圓～※中型（人數4・5名）
（高松周邊）平成レッグス株式会社
☎0120-33-2370
（金刀比羅周邊）琴巴士計程車預約中心
☎0877-73-2221

租車

要租車的話，在出發前預約會比較划算。如果要一起購買JR車票和車站租車券的話，可以購買享有JR車票優惠及車站租車會較划算的JR『レール＆レンタカーきっぷ』（在JR的主要車站的綠色窗口發售）。

從高松市區前往郊外區域

香川縣的交通中心市JR高松站。如果要到坂出、丸龜方向去的話，可以利用JR予讚線。
高松築港站位於JR高松站東側約250m處，從這裡到琴平方向去的話，不用轉乘約1小時即可抵達。

香川交通地圖

到主要區域去的方式

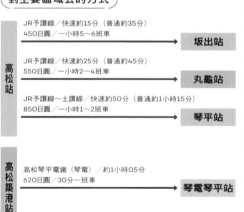

JR予讚線／快速約15分（普通約35分）
450日圓／一小時5～6班車
→ **坂出站**

JR予讚線／快速約25分（普通約45分）
550日圓／一小時2～4班車
→ **丸龜站**

JR予讚線～土讚線／快速約50分（普通約1小時15分）
850日圓／一小時1～2班車
→ **琴平站**

高松站

高松琴平電鐵（琴電）／約1小時05分
620日圓／30分一班車
→ **琴電琴平站**

高松築港站

優惠套票

●ことでん・JRぐるり～んきっぷ

一整天可以自由搭乘右圖所示之JR四國的路線與高松琴平電鐵全線之優惠票。價格為1960日圓。高松～琴平間來回搭乘JR需1700日圓，搭乘琴電需要1240日圓，所以想要去栗林公園及逛逛高松市區的人可千萬不能錯過這張票。可在JR四國的主要車站及琴電的高松築港、瓦町、琴電琴平等各站購買。要搭乘JR的特急車班需要另外購買特急券。

●ことでん1日フリーきっぷ（琴電1日乘車券）

一整天可以自由搭乘琴電全線的優惠票。價格為1230日圓，高松築港站～琴電琴平站來回就需要1240日圓，所以就算只有來回高松和金刀比羅樣也非常划算。可在高松築港、瓦町、栗林公園、琴電琴平等主要車站購買。

※前往瀨戶內諸島的交通方式請看P82。

前往、遊逛淡路島的方式

前往淡路島最主要的交通方式是開車。從關西方向過來的話就是跨過明石海峽大橋，從四國方向過來的話就是跨過大鳴門橋。
在島內的交通方法也推薦大家開車。沿著海岸行走也可以，如果急著前往目的地的話，可以利用神戶淡路鳴門自動車道。

從各地前往淡路島

路徑	洽詢處（巴士暱稱）	價格（成人單程）	所需時間	車班數（沃）	備註
大阪（阪急梅田）～津名港～洲本高速BC	阪急巴士　淡路交通《淡路エクスプレス》《パールエクスプレス洲本》	2350日圓	2小時	4班	可先預約
大阪站JR高速BT～難波（OCAT）～三宮BT～津名港～洲本高速BC	西日本JR巴士《かけはし號》	2350日圓	2小時32分	2班	一部分時段可能需預約
新神戶站～三宮BT～高速舞子（JR舞子站）～津名港～洲本高速BC	西日本JR巴士本四海峽巴士《かけはし號》	1850日圓	1小時34分	18~25班	一部分時段可能需預約
新神戶站～三宮BT～高速舞子(JR舞子站)～淡路夢舞台前～大磯港～東浦BT	西日本JR巴士本四海峽巴士《大磯號》	930日圓	1小時10分	25~30班	
新神戶站～三宮BT～高速舞子（JR舞子站）～洲本IC～陸之港西淡	本四海峽巴士《くにうみライナー》	2050日圓	1小時25分	3~4班	
神姬巴士神戶三宮BT～高速舞子（JR舞子站）～津名港～洲本高速BC	神姬巴士　淡路交通《淡路エクスプレス》	1850日圓	1小時26分	18~21班	
神姬巴士神戶三宮BT～高速舞子（JR舞子站）～陸之港西淡～福良	神姬巴士　淡路交通《淡路エクスプレス》	2250日圓	1小時33分	22班	
神姬巴士神戶三宮BT～高速舞子（JR舞子站）～五色BC～高田屋嘉兵衛公園	神姬巴士　淡路交通	1650日圓	1小時25分	16班	
三宮BT～洲本IC～榎列～陸之港西淡	Minato觀光巴士《淡路島特急バス》	2000日圓	1小時10分	8班	
高松站～德島站（轉乘）～鳴門站～淡路島南IC～洲本高速BC	淡路交通・大川巴士※	3300日圓	2小時59分	3班	
高松站～德島站（轉乘）～鳴門站～淡路島南IC～洲本高速BC～津名港	淡路交通・大川巴士※	3600日圓	3小時19分	1班	

◎所列出為主要停車處。
◎BC是巴士中心，BT是巴士轉運站，IC是交流道的略稱。　◎所需時間不包含轉乘時間。
※高松站～德島站間為《高德エクスプレス号》

島內兜風地圖MAP

往神戶・大阪・姬路方向
垂水
道の駅 あわじ
淡路IC～岩屋
2km（5分）
岩屋
淡路
淡路花さじ山丘
淡路IC～富島
13.4km（25分）
久留麻～富島
7.5km（10分）
富島
東浦
淡路夢舞台
道の駅東浦
ターミナルパーク
津名一宮IC～郡家
5.4km（15分）
北淡
室津PA
久留麻
津名一宮IC～都志
13.3km（25分）
郡家
洲本～都志
15.9km（25分）
都志
津名
一宮
津名一宮IC～志筑
3km（10分）
鳥飼浦
鮎原
志筑（津名）
岩屋～志筑
47.5km（1小時20分）
慶野松原
志筑～洲本
10.3km（20分）
西淡三原IC～湊
2.5km（5分）
湊
綠PA
志筑～洲本
洲本
西淡三原
洲本IC～洲本
5.7km（15分）
淡路農場公園
英格蘭之丘
洲本
由良
八幡
國衙
洲本～福良
20.8km（40分）
淡路島南IC～福良
8km（15分）
鳴門北
道の駅
福良
福良
阿万
黑岩
往高松・
德島方向
福良～阿万
7.5km（10分）
生
洲本～阿万
37.5km（1小時）
（沼島汽船場附近）

◎所列時間為預估所需的時間。

洽詢處

阪急巴士
☎06-6866-3147

淡路交通
☎0799-22-3121
（洲本高速巴士中心）
☎0799-22-0805

西日本JR巴士
☎0570-00-2424

本四海峽巴士
☎088-664-6030

神姬巴士
☎078-231-5561

Minato觀光巴士
☎0799-36-3081

大川巴士
☎0879-52-2521

日本道路交通情報中心
（四國地方.香川資訊）
☎050-3369-6637
（四國地方高速資訊）
☎050-3369-6770

NEXCO西日本
（消費者服務中心）
☎0120-924-863
☎06-6876-9031

本四高速
（消費者窗口）
☎078-291-1033

INDEX

觀光　自然　體驗　散步

用餐　咖啡廳　購物　夜間娛樂　住宿

來趟發現「心世界」的旅行

mani
mani

漫履慢旅
香川 直島 淡路島
休日慢旅 ④

【休日慢旅4】
香川 直島 淡路島
作者／JTB Publishing, Inc.
翻譯／林于樟
校對／張玉旻
編輯／林庭安
發行人／周元白
排版製作／長城製版印刷股份有限公司
出版者／人人出版股份有限公司
地址／23145新北市新店區寶橋路235巷6弄6號7樓
電話／（02）2918-3366（代表號）
傳真／（02）2914-0000
網址／www.jjp.com.tw
郵政劃撥帳號／16402311人人出版股份有限公司
製版印刷／長城製版印刷股份有限公司
電話／（02）2918-3366（代表號）
經銷商／聯合發行股份有限公司
電話／（02）2917-8022
第一版第一刷／2016年10月
定價／新台幣320元

日本版原書名／マニマニ香川 直島 淡路島
日本版發行人／秋田 守
Manimani Series
Title: Kagawa Naoshima Awajishima
©2016 JTB Publishing, Inc.
All Rights Reserved.
First published in Japan in 2016 by JTB Publishing, Inc. Tokyo.
Chinese translation rights arranged with JTB Publishing, Inc.
through Creek and River Co., Ltd., Tokyo.
Chinese translation copyright ©2016 by Jen Jen Publishing Co., Ltd.

國家圖書館出版品預行編目(CIP)資料

香川 直島 淡路島 / JTB Publishing, Inc.
作；林于楟翻譯. -- 第一版. -- 新北市：
人人,2016.10
面；　公分. -- (休日慢旅；4)
ISBN 978-986-461-067-9(平裝)

1.旅遊 2.日本
731.9　　　　　　　　　　　105017398
　　　　　　　　　　　　　　　　　LLM

● 本書中的內容為2015年11月～12月的
資訊。發行後在費用、營業時間、公休
日、菜單等營業內容上可能有所變動，或
是因臨時歇業等而有無法利用的狀況。此
外，包含各種資訊在內的刊載內容，雖然
已經極力追求資訊的正確性，但仍建議在
出發前以電話等方式做確認、預約。此
外，因本書刊載內容而造成的損害賠償責
任等，敝公司無法提供保證。請在確認此
點之後購買。

● 本書中的各項費用，原則上是取材時
確認的消費稅含金額。而入園門票等，
沒有特別標示者都是成人的費用。但是，
各種費用還是有可能變動，在前往消費時
請多加注意。●關於交通工具的所需時間
都只是參考時間，請多留意。另外，關於
公共交通工具的車資，使用IC乘車卡時，
部分地區、公司的車資可能會有不同。●
公休日原則上省略新年期間、去蘭盆節、
黃金週和臨時停業的標示。●本書刊載的
利用時間，原則上為開店（館）～閉店
（館），最後點菜及入店（館）時間，通
常為閉店（館）時刻的30分～1小時前，
請多留意。●本書刊載的溫泉泉質、效能
為源泉具備的性質，並非區別浴池的功
效，是依照各設施提供的資訊製作而成。

● 本書刊載的住宿費用，原則上單人入
房、雙床房是1房的客房費用；商1泊2
食、1泊附早餐、純住宿，則標示2人1房
時1人份的費用。金額是以採訪時的消費

SPECIAL THANKS!

在此向翻閱本書的你，
以及協助採訪、執筆的各位
致上最深的謝意。